HIGHLIGHTS KANADA

DIE 50 ZIELE, DIE SIE GESEHEN HABEN SOLLTEN

Weihnachten 2011

Hallo Julia,
ich wünsche Dir ein schönes
Weihnachtsfest und einen guten
Rutsch. Bleib gesund
Dein Patenonkel Detlef

HIGHLIGHTS

KANADA

Christian Heeb
Margit Brinke
Peter Kränzle

BRUCKMANN

Kanada – Land der vielen Gesichter: Blick vom Stanley Park auf Vancouvers Skyline (oben).
Strandspaziergang am Long Beach im Pacific Rim National Park (Mitte).
Ein Kanufahrer genießt die unberührte Natur auf dem Clearwater Lake (unten).

Inhaltsverzeichnis

In Kanada ist viel Platz, z.B. für wilde Tiere wie diesen Luchs (oben). Angesichts der mächtigen Alexandra Falls erscheint der Mensch winzig (Mitte).
Die Pot Rocks im Hopewell Rocks Provincial Park bei Ebbe (unten).

KANADA
0
250 km
0
155 Meilen
Inside Passage
Traumziele
Beaufort Sea
PRINCE PATRICK ISLAND
MELVILLE ISLAND
M'Clure Strait
Grise Fjord
DEVON ISLAND
BANKS ISLAND
Resolute
SOMERSET ISLAND
PRINCE OF WALES ISLAND
Pond
Arctic Bay
Amundsen Gulf
VICTORIA ISLAND
Cambridge Bay
KING WILLIAM ISLAND
Gjoa Haven
Coppermine
MELVILLE PENINSUL
NUNAVUT
Wiseman
ALASKA (USA)
Fairbanks
Aklavik
Inuvik
Dawson City
46
Tetlin Junction
YUKON TERRITORY
Alaska Highway
48
Beaver Creek
Carmacks
Mackenzie Mts
Mackenzie R.
Great Bear Lake
Hottah Lake
Mount Logan 6050 m
48
KLUANE NAT. PARK
Coast Mountains
Rocky Mountains
NORTHWEST TERRITORIES
49
SOUTH ISLAN
Thelon Wildlife Sanctuary
Dubawnt Lake
Whitehorse
Yellowknife
Skagway
Fort Simpson
Watson Lake
Inside Passage
47
Juneau
Great Slave Lake
Hay River
Alaska Highway
48
50
WOOD BUFFALO NATIONAL PARK
Fort Nelson
Inside Passage
47
Williston Lake
Peace R.
Lake Athabasca
28
Churchill
ALBERTA
Reindeer Lake
York Factory
45
Prince Rupert
Hazelton
Fort St.John
Lynn Lake
Nelson R.
QUEEN CHARLOTTE ISLANDS
44
BRITISH COLUMBIA
Dawson Creek
Peace River
Fort McMurray
SASKATCHEWAN
Leaf Rapids
Thompson
Grande Prairie
Prince George
Flin Flon
Quesnel
27
MANITOBA
Inside Passage
47
Williams Lake
Jasper
Edmonton
33
PRINCE ALBERT NATIONAL PARK
Port Hardy
35
32
JASPER NP
Prince Albert
The Pas
Fraser R.
Cariboo Country
26
Lake Winnipeg
ONTARIO
Campbell River
31
Red Deer
VANCOUVER ISLAND
43
Whistler
BANFF NP
41
Kamloops
Banff
Drumheller
37
Saskatoon
23
Pic
Vancouver
Kelowna
Cowboy Trail
39
29
Calgary
Dauphin
40
Okanagan Valley
34
38
Yorkton
RIDING MOUNTAIN NATIONAL PARK
21
PAZIFISCHER OZEAN
Victoria
42
Fort Macleod
Moose Jaw
25
22
Regina
Seattle
30
36
24
20
Winnipeg
Thunder Ba
WATERTON-GLACIER INT. PEACE PARK
WRITING-ON-STONE PROV. PARK
Fort Walsh Cypress Hills
Grand Forks
Portland
Butte
Billings
Minneapolis
USA

GRÖNLAND
Baffin Bay
BAFFIN ISLAND
Davis Strait
Pangnirtung
Foxe Basin
Iqaluit
Cape Dorset
Hudson Strait
ATLANTISCHER OZEAN
UNGAVA PENINSULA
Hudson Bay
Feuilles
Caniapiscau
LABRADOR PENINSULA
Melville Lake
LABRADOR
NEW FOUNDLAND
L'Anse-aux-Meadows
Gander
Saint John's
QUÉBEC
Havre-St-Pierre
Corner Brook
James Bay
Sept-Îles
Gaspé
Gulf of St. Lawrence
St. Lawrence R.
Fort Rupert
Moosonee
Chibougamau
PRINCE EDWARD ISLAND
CAPE BRETON ISLAND
Fortress of Louisbourg
Charlottetown
NEW BRUNSWICK
New Glasgow
Roberval
Hearst
Fredericton
Québec
Cochrane
Saint John
Halifax
Val-d'Or
Trois Rivières
Lunenburg
Montréal
Bay of Fundy
NOVA SCOTIA
Lake Superior
Ottawa
Sault Ste-Marie
Sudbury
North Bay
ALGONQUIN PROV. PARK
Upper Canada Village
Lake Huron
MANITOULIN ISLAND
Kingston
Boston
Ste-Marie among the Hurons
Toronto
Lake Ontario
Kitchener
Niagara Falls
Detroit
Windsor
Lake Michigan
New York
Lake Erie
Chicago
Appalachians

Wasser ist eines der prägenden Elemente im Land »North of the Border«: Nachmittägliche Ruhe am Boat House am Maligne Lake (oben).
Wale tummeln sich in den Gewässern des Pazifiks vor den Queen Charlotte Islands (Mitte).
Blick auf den berühmten Percé Rock vor der Gaspé Peninsula (unten).

Kanada – »North of the Border«

Ein Besuch im zweitgrößten Land der Welt

Kanada – allein der Name des riesigen Landes hat einen magischen Klang. Er ruft bei den meisten Menschen Bilder von der endlosen Weite der Prärie, von schneebedeckten Bergen, dichten Wäldern und glasklaren Seen hervor. Gerade wegen seiner unberührten Natur, seiner Vielgestaltigkeit und Weitläufigkeit ist Kanada das Traumland stressgeplagter Europäer. Doch die Natur ist nur eine Seite Kanadas ...

Die Nordamerikaner haben vieles gemeinsam – Gastfreundschaft, Toleranz, Sprache und zum Teil auch die Geografie – und doch sind die Menschen »North of the Border« anders: Die Unterschiede sind tiefgehender als nur die spezifische Aussprache des Englischen oder die andere Währung betreffend. Sie hängen eng mit der unterschiedlichen Geschichte zusammen. So verspürten die Kanadier nie einen ähnlichen Drang zur Souveränität gegenüber der englischen Krone wie die Amerikaner, die sich gewaltsam vom Mutterland lossagten. Die Kanadier wählten einen friedlichen und langwierigen, am Ende aber ebenso effektiven Weg in die Unabhängigkeit.

»Winter – make the most of it or go crazy!«

Angesichts des übermächtigen und selbstbewusst auftretenden südlichen Nachbarn, der regional lebensfeindlichen Geografie und der extremen Klimabedingungen versteht man die spezifischen Charakterzüge der Kanadier besser: ausgeprägtes Kritikbewusstsein einerseits und Selbstzweifel andererseits. So behaupten die Kanadier beispielsweise gern, dass es bei ihnen nur zwei Jahreszeiten gäbe: einen kurzen heißen Sommer und einen endlos langen, kalten und schneereichen Winter. Tatsächlich überdeckt zwischen November und März eine dicke Schneedecke den Großteil des Landes. Ausgespart bleiben nur die Regionen im äußersten Westen um Vancouver Island, wo fast mediterranes Klima herrscht, sowie die maritime Ostküste. Hier finden sich entlang der Meerenge von Northcumberland, zwischen New Brunswick und Prince Edward Island, die wärmsten Gewässer nördlich des US-Südstaates Virginia: An der Parlee Beach in Shediac werden im Sommer 23 Grad Wassertemperatur gemessen!

Schiffe vor Kanada

Es soll der legendäre Leif Eriksson, der Sohn des »roten Erik«, gewesen sein,

Eine vielfältige Tierwelt wartet auf den Besucher der kanadischen Wildnis: Bighorn Sheep im Jasper National Park in den Rocky Mountains (oben).
Prairie Dogs leben in großen unterirdischen Bauten in den Weiten der Prärie (Mitte).
Um den Kojoten ranken sich zahlreiche lustige Indianergeschichten (unten).

der von Grönland erstmals nach »Vinland« gesegelt ist. Bei L'Anse-aux-Meadows an der Küste Newfoundlands fand man in der Tat Siedlungsspuren der Wikinger aus der Zeit um 1000. Doch das raue Klima und die unfreundlichen Indianer waren selbst den harten Wikingern zu viel; sie zogen rasch wieder ab, und es sollte mehrere Jahrhunderte dauern, bis wieder Schiffe vor Kanada auftauchten.
Der Bretone Jacques Cartier, der auf mehreren Fahrten zwischen 1534 und 1537 die Atlantikküste erforschte, entdeckte die St.-Lorenz-Bucht und segelte erstmals ins Landesinnere, um das Gebiet für den französischen König in Besitz zu nehmen. Zwischen 1603 und 1615 initiierte dann Samuel de Champlain die Besiedelung des St.-Lorenz-Tals und gründete 1608 Québec City. Von hier aus strömten französische Siedler, Händler und Pelzjäger allmählich auch ins Landesinnere. Nachdem sich die Briten weiter südlich breitgemacht hatten, waren Konflikte zwischen den beiden Kolonialmächten vorprogrammiert. Nach der Eroberung von Québec City (1759) und Montréal (1760) ergab sich Gouverneur Vaudreuil dem britischen General Jeffrey Amherst. Endgültig besiegelte dann der Frieden von Paris 1763 den Waffenstillstand, und das kanadische Neu-Frankreich wurde britische Kronkolonie.

Kanadas Geburtsstunde

Lange unter Selbstverwaltung und nur locker mit der britischen Krone liiert, ratifizierten die Briten am 1. Juli 1867 den Ist-Zustand: Das Dominion of Canada wurde ein eigenständiger Staat, zunächst bestehend aus den Provinzen Ontario, New Brunswick, Québec und Nova Scotia. 1870 trat Manitoba der Konföderation bei, 1871 folgte British

Columbia, 1873 Prince Edward Island, 1905 Alberta und Saskatchewan und 1949 Newfoundland. Schließlich gehören noch drei Territorys, nämlich Yukon (1898), Northwest Territorys (1870) und Nunavut (1999) zu Kanada.
Kanada ist bis heute eine konstitutionelle Monarchie, deren politisch-demokratisches System dem britischen entspricht; das englische Königshaus wird durch einen Gouverneur vertreten. Eine wichtige Rolle für das Zusammenwachsen der Nation und das Entstehen des modernen Staatswesens spielte einerseits der Bau der ersten Überland-Eisenbahnlinie zwischen 1881 und 1885, andererseits die Gründung der North West Mounted Police am 3. Mai 1873. Die legendären rot berockten »Mounties« sorgten nicht nur für Recht und Ordnung, sondern trugen auch erheblich zur Erschließung der kanadischen Wildnis bei.

Ein Land der Einwanderer

Mit nur durchschnittlich drei Einwohnern pro Quadratkilometer gehört Kanada zu den am dünnsten besiedelten Ländern der Welt. Dabei lebt ein Drittel der fast 32 Millionen Kanadier in den drei größten Metropolen, Toronto, Montréal und Vancouver, ein weiteres Drittel in den anderen Städten. Fast 80 Prozent der Gesamtbevölkerung konzentrieren sich dabei auf den etwa 500 Kilometer breiten Korridor entlang der US-Grenze.
Nach 1867 war der junge Staat froh um jeden, der mithalf, das Land fruchtbar zu machen. Man warb um Neusiedler, und Millionen von Einwanderern such-

Die kanadischen Indianer nennen sich »First Nations« und sind stolz auf ihre Traditionen, die besonders eindrucksvoll bei den Powwows, beispielsweise bei den Blackfeet in Alberta, zum Tragen kommen.

Kaum berührte und weite Naturlandschaften (unten und rechte Seite), Naturschauspiele wie das Nordlicht (Mitte) und Einsamkeit (oben) sind charakteristisch für große Teile Kanadas, besonders im hohen Norden.

ten bis zur Verschärfung der Einwanderungsbestimmungen in den 1950ern ihr Glück in den Weiten Kanadas. Heute können rund 47 Prozent der Kanadier auf britische und 16 Prozent auf französische Vorfahren verweisen. Mit über neun Prozent bilden die Deutschen die nächstgrößte Gruppe; etwa vier Prozent sind indianischer Herkunft.

Das zweitgrößte Land der Welt

Der Name Kanada leitet sich von einem Indianerwort ab. In der Sprache der Irokesen bedeutet *kanata* Dorf oder Siedlung. Dieses Kanada ist allerdings ein ganz besonderes »Dorf«, nämlich das nach Russland flächenmäßig zweitgrößte Land der Erde.
Vom östlichsten Punkt Cape Spear in Newfoundland bis zum westlichsten, Mount St. Elias im Yukon Territory an der Grenze zu Alaska, sind es immerhin 5514 Kilometer. Kein Wunder, dass man bei einer Durchquerung des Landes nicht nur sechs Zeit-, sondern auch sechs geografische Zonen passiert: den kanadischen Schild, der mit 4,7 Millionen Quadratkilometern fast die Hälfte Kanadas zwischen Labrador und den Northwest Territorys einnimmt, die arktischen Inseln (8 %), das Tiefland zwischen den Großen Seen und dem St.-Lorenz-Strom (1 %), die Bergwelt der Appalachen (3 %), die Prärie (18 %) sowie die Rocky Mountains (16 %). Angesichts dieser Größe und Vielfalt 50 Highlights herauszugreifen, ist eine fast unlösbare Aufgabe. Da wird man das eine vermissen oder sich darüber wundern, warum eine andere Attraktion ins Buch aufgenommen wurde. Ziel der Auswahl war, dass die 50 Highlights zusammen genommen einen Überblick über dieses vielgesichtige und sehenswerte Land geben und anregen, Kanada selbst zu erkunden.

Der Osten Kanadas ist von der abwechslungsreichen Atlantikküste geprägt. Hier der Percé Rock vor der Gaspé Peninsula (rechts), er kontrastiert zu kleinen Farmen im Hinterland und historischen Hafenstädten wie Québec (Mitte).

Atlantikküste und St.-Lorenz-Strom

Einen Hauch von »altem Europa« hat sich die 2008 genau 400 Jahre alt gewordene Ville de Québec erhalten. Das Château Frontenac (oben und rechte Seite) und die engen Gassen der Altstadt belegen dies.

1 »Vive le Québec libre!«

Québec, ein Hauch von Europa in Nordamerika

Möchte ein Kanadier oder Amerikaner das »alte Europa« erleben, braucht er gar nicht weit zu reisen: Die Ville de Québec, die Hauptstadt der gleichnamigen frankokanadischen Provinz, gilt völlig zu Recht als die europäischste Stadt auf dem nordamerikanischen Kontinent. Vor 400 Jahren gegründet, hat die Stadt ihr französisch-europäisches Flair über die Jahrhunderte hinweg fast unverändert bewahrt.

Als im Juli 1967 der französische Präsident Charles de Gaulle anlässlich seines Kanadabesuchs den Menschen in Montrèal »Es lebe das freie Québec!« zurief, ging ein Ruck durch die Provinz und ihre gleichnamige Hauptstadt. Endlich war man weltweit auf »La belle Province«, die schöne Provinz, wie die Bewohner Québecs ihre Heimat stolz bezeichnen, auf die »andere« Seite Kanadas aufmerksam geworden.
Im Jahr 1763 war die Kolonie »Neu-Frankreich« – wie Québec damals noch genannt wurde – nach langen Kämpfen zwischen den Kolonialmächten Frankreich und Großbritannien nach dem Friedensschluss von Paris als »Lower Canada« Teil des britischen Kolonialreichs geworden. Seither kämpfen die Frankokanadier um ihre Eigenständigkeit. Sonderrechte, wie die Gültigkeit des alten französischen Code Civil oder das Französische als Hauptamtssprache konnten zwar gegenüber der britischen Oberhoheit durchgesetzt werden, aber dennoch fordern noch heute viele Einwohner die komplette Unabhängigkeit von Kanada, das »OUI« zur Autonomie.

400 Jahre Ville de Québec

Schon in den 1530er-Jahren erforschte Jacques Cartier auf mehreren Fahrten die Atlantikküste. Er war als erster Europäer in die St.-Lorenz-Bucht und weiter auf dem St.-Lorenz-Strom ins Landesinnere gesegelt und hatte das Gebiet für König François I. zum französischen Besitz erklärt. Cartier soll übrigens als Erster auch den Namen Kanada verwendet haben, als er den St. Lawrence River als »Rivière du Canada« bezeichnete. Doch so recht konnte sich der französische Hof mit diesem Land fernab der Zivilisation, bewohnt von wilden Tieren und »ungebildeten« Indianern, nicht anfreunden. Erst zwischen 1603 und 1615 begann Samuel de Champlain mit der französischen Kolonisation des St.-Lorenz-Tals. Am 3. Juli 1608 legte Champlain an einer strategisch bedeutenden Flussenge den Grundstein für einen Ort, den er »Kebec«, »wo der

Hilton

Die Altstadt der Ville de Québec (oben) vermittelt eher den Eindruck einer französischen Stadt als einer kanadischen Metropole. Auch der Blick auf den Yachthafen untermauert das südfranzösische Flair (rechte Seite).

Fluss enger wird«, wie es in der Algonkin-Sprache hieß, nannte. Diese Stadtgründung markierte den Höhepunkt der Karriere des Geografen Champlain, der als erster französischer Gouverneur und »Vater von Neu-Frankreich« in die Annalen einging.
Die Ville de Québec, von anglofonen Kanadiern Québec City genannt, zählt zusammen mit St. John's (Newfoundland), Port Royal (Nova Scotia), St. Augustine (Florida), Santa Fe (New Mexico) und Tadoussac (Québec) zu den ältesten europäischen Siedlungen auf dem nordamerikanischen Kontinent.
Mitten im Einflussgebiet der den europäischen Neuankömmlingen nicht unbedingt freundschaftlich gesonnenen Irokesen-Indianer gelegen – sie hatten das hier gelegene Dorf Stadacona aus unbekannten Gründen aufgegeben – und als Hauptstadt der Kolonie Neu-Frankreich konzipiert, war es von Beginn an nötig, die Stadt zu befestigen.

Das »Gibraltar Nordamerikas«

Beeindruckend ragen noch heute die Türme und Mauern der Befestigungsanlage von Québec in den Himmel empor, und Charles Dickens sprach deswegen vom »Gibraltar Nordamerikas«. Auf Cap Diamant errichtet, einem großen Felsen, der den St.-Lorenz-Strom hoch überragt, erwies sich die Festung als fast uneinnehmbar. Doch das Fort Habitation de Québec stellte nicht nur eine französische Manifestation in der Wildnis dar, sondern fungierte auch als Anlaufpunkt für Pelzhändler und Missionare aus dem Landesinneren sowie als Fluchtburg für französische Siedler. Schon 1690 hatten die Briten vergeblich versucht die Stadt zu erobern. 1759 kam es während des sogenannten siebenjährigen Kriegs erneut zur Belagerung durch britische Truppen, dieses Mal unter dem Kommando von General James Wolfe. Sie endete am 13. September mit der Schlacht auf der Abraham-Ebene bei Québec, bei der die Franzosen unter General Louis-Joseph de Montcalm unterlagen; fünf Tage später kapitulierte die Stadt – und die Briten zogen ein. Nach dem Frieden von Paris von 1763 musste Québec mit ganz Neu-Frankreich von Frankreich an Großbritannien abgetreten werden.
Die Ville de Québec blieb auch nach der Gründung der kanadischen Konföderation, 1867, Hauptstadt der gleichnamigen Provinz. Die Festung überstand die turbulenten Zeiten weitgehend unbeschadet und wurde als die einzige befestigte Stadt nördlich von Mexiko 1985 von der UNESCO zum Weltkulturerbe erklärt.

Québec, »La Charmante«

Gewöhnlich sind es moderne Hochhäuser, die nordamerikanische Metropolen kennzeichnen, anders verhält es sich in der Altstadt der Ville de Québec: Sie wird von der sternförmigen Zitadelle von 1820 mit ihren Mauern und Schutzwällen geprägt. »Wiege der französischen Zivilisation« wird die Stadt zu Recht genannt, hat sich doch in den engen, verschlungenen Gassen der Altstadt viel europäischer Charakter erhalten.
So dominieren die Türme des altehrwürdigen Hotels Château Frontenac, das in Teile der Festung eingezogen ist, die Skyline der Stadt. In der »Basse-Ville«,

der Unterstadt, mit der mächtigen Église Notre-Dame-des-Victoires, der ältesten Kirche Kanadas von 1688, auf der Place Royale, aber auch während eines Besuchs im Musée de Québec rücken Geschichte und Tradition ins Bewusstsein. Sehenswert ist für Kunstinteressierte das Musée National des Beaux-Arts du Québec, das sich der frankokanadischen Kunst seit dem 17. Jahrhundert widmet, oder auch das Musée de la Civilisation mit seinem vielseitigen Ausstellungsprogramm und dem zugehörigen, interessanten Musée de l'Amérique Française, das über Besiedelung und Bevölkerung von gestern und heute informiert.

Das »amerikanische Lourdes«

Zu den Attraktionen in der Umgebung gehören nicht nur die tosenden Wasserfälle von Montmorency, die mit ihren 83,5 Metern sogar die berühmten Niagarafälle übertreffen, sondern auch die Basilique de Sainte-Anne-de-Beaupré. Ungefähr 30 Kilometer östlich der Stadt am Ufer des St.-Lorenz-Stroms gelegen, gilt der Ort als »amerikanisches Lourdes« und wird seit Jahrhunderten von katholischen Pilgern aufgesucht. Im Jahr 1650 stifteten Seeleute der heiligen Anna eine erste Kirche, nachdem diese sie aus Seenot gerettet hatte.
Analog zu »La Belle« Montréal nennt man Québec gern »La Charmante«, und diesem Charme erliegt man am schnellsten bei einem der zahlreichen Stadtfeste. Beim berühmten Québec City Winter Carnival weht beispielsweise trotz eisiger Temperaturen ein Hauch von Rio de Janeiro durch die Straßen, und erst recht bei den Sommerfesten geht es hoch her mit Konzerten, Buden und vielerlei Veranstaltungen.

DIE GROSSEN SOMMERPARTYS

Am 3. Juli, dem Geburtstag von Québec City, beginnt das größte frankofone Musikfestival auf dem amerikanischen Kontinent, das Festival d'Été de Québec. Elf Tage lang verwandelt sich die Stadt in eine Freiluftbühne, und Künstler aus aller Welt stellen vor ca. 900 000 Festivalbesuchern ihr Talent unter Beweis (www.infofestival.com). Wenig später, fünf Augusttage lang, feiert Québec dann Les Fêtes de la Nouvelle France und erinnert mit verschiedensten Kulturveranstaltungen, Straßenkünstlern und historischen Reenactments an das frankokanadische Erbe.
www.nouvellefrance.qc.ca

WEITERE INFORMATIONEN

In Deutschland: Destination Quebec, Canadian Tourism Commission, c/o Lange Touristik-Dienst, Eichenheege 1-5, 63477 Maintal, Tel. (01805) 526232, http://de.canada.travel
Websites: www.bonjourquebec.com (Provinz Québec, auch auf Deutsch und mit herunterladbaren Broschüren), www.quebecregion.com (Québec City und Umgebung)

Eindrücke von Québecs »Wildem Osten«: Leuchtturm am Cap de Rosier (oben und rechte Seite oben), Kunst und Natur in Sainte Flavie (unten) und der unverwechselbare Percé Rock (rechte Seite).

2 Québecs »Wilder Osten«

Zwischen Steilküsten, dichten Wäldern und hohen Bergen

Wilde, grandiose Landschaft – um sie zu erleben, muss man nicht unbedingt in die Weiten des kanadischen Westens reisen. Auch im »Wilden Osten« von Québec, dort wo sich der St.-Lorenz-Strom mächtig in den Atlantik hineinschiebt, liegt mit der Gaspé-Halbinsel ein Stück ungezähmter Natur mit dichten Wäldern und den nördlichen Ausläufern der Appalachen.

Der »Wilde Osten« Québecs erstreckt sich entlang dem Mündungsgebiet des St.-Lorenz-Stroms, der Lebensader nicht nur Québecs, sondern ganz Ost-Kanadas. Der Fluss hat sich hier zum breiten Golf ausgeweitet, in dessen Zentrum die Gaspé-Halbinsel liegt. Sie ist bekannt für spektakuläre Naturschauspiele, ist Heimat von Buckel- und Zwergwalen, Delfinen und Belugas, und hat mit Schwärmen von Schneegänsen, die im Frühjahr und Herbst hier Station machen, ein besonderes Schauspiel zu bieten.

Einer Keule gleich ragt am Südufer des St.-Lorenz-Stroms die Gaspé-Halbinsel ins Meer hinaus. Die Küstenstraße 132 umrundet die etwa 40 000 Quadratkilometer große Landspitze der »Gaspésie«, wie die Gaspé Peninsula offiziell genannt wird, und bringt Besucher zu dramatischen Steilküsten, malerischen Buchten und einsamen Stränden, kleinen Fischerdörfern, Naturparks und Leuchttürmen wie dem besonders fotogenen in L'Anse-à-Valleau.

Route durch die Wildnis

Auf der Gaspé Peninsula reihen sich die Orte fast ausschließlich entlang der Küsten aneinander, wo schon zu Kolonisationszeiten der Kontakt zum Rest der Welt gewährleistet war. Das Hinterland dagegen mit seinen tiefen Schluchten und den Chic-Choc-Bergen als nördlichstem Ausläufer der Appalachen – der dort befindliche 1268 Meter hohe Mt. Jacques Cartier ist der höchste Berg Ost-Kanadas – und den dichten, fast undurchdringlichen Wäldern wirkt bis heute eher lebensfeindlich. Dafür gilt das Areal aber als die einzige Region Nordamerikas, in der Elche, Karibus und Wapitis in freier Wildbahn zu beobachten sind. Von der Route 132 führen von L'Anse-Pleureuse zwei Nebenstraßen (Nr. 198 und 299) hinein ins Hinterland. Langsam schraubt sich beispielsweise der Highway 198 hinauf in die Bergwelt der Appalachen und erreicht auf einer Höhe von fast 700 Metern eine der wenigen Ortschaften in der Wildnis, Murdochville. Davon, dass selbst hier

mittlerweile die Moderne Einzug gehalten hat, legen zahlreiche Windturbinen Zeugnis ab. Sie haben die Region zu einem der größten Windenergiezentren der Welt gemacht. Westlich der Ortschaft breitet sich dann wieder fast unberührte Wildnis aus. Als Matane, Chic-Chocs, Dunière, Gaspésie und Baldwin Provincial Parks stehen große Teile der Bergwelt und Wälder unter Naturschutz. Die Straße taucht nach Murdochville wieder tief in die Natur ein und folgt dem York River Richtung Küste nach Gaspé.

»Vive le Roi de France«

Die kleine Hafenstadt Gaspé, mit ihren fast 15 000 Einwohnern die größte Gemeinde der Halbinsel, erinnert mit einem hoch über der Bucht aufgestellten Denkmal an Jacques Cartier, der am 24. Juli 1534 an dieser Stelle anlegte und das Land für Frankreich in Besitz nahm. Hier ließ er von seinen Männern ein zehn Meter hohes Kreuz mit drei Lilien aufstellen und schnitzte »Vive le Roi de France!« hinein. Cartier wird als Entdecker der Gaspésie gefeiert, dabei war die Halbinsel schon viele Jahrtausende vorher von Indianern wie den Mig'mowag (Micmac) besiedelt gewesen. An diese »ersten Kanadier« erinnern die Reservate von Listuguj und Gesgapegiag an der Südküste der Halbinsel. Nördlich von Gaspé errichteten sie in der Ortschaft Fontenelle an der Stelle des alten Indianerdorfs Gespeg aus dem 17. Jahrhundert ein Museum und bauten ein Dorf nach, das an die Geschichte und Traditionen der Micmac erinnern soll. Ebenfalls nördlich der Ortschaft Gaspé lockt der Nationalpark Forillon mit seinen Wäldern und Bergen, Felsklippen und Ausblicken Wanderer und Naturfreunde an. Mit steter Macht nagen hier die Gezeiten an der Küstenkontur und haben an der östlichsten Spitze bei Percé eine Kuriosität entstehen lassen: den Rocher Percé, einen rosa leuchtenden Kalksteinfelsen, 480 Meter lang und etwa 100 Meter hoch, der vor der Küste zu schwimmen scheint.

NATUR PUR

Der Bioparc de la Gaspésie in Bonaventure bietet Gelegenheit, die Flora und Fauna kennenzulernen. In dem Park mit Interpretation Centre geht es um die fünf Ökosysteme (Bucht, Barachois – eine vom Meer durch eine Sandbank getrennte Lagune –, Fluss, Wald und Tundra), dazu werden rund 30 hier lebende Tiere und eine Vielfalt an Pflanzen vorgestellt. Es gibt Programme, Ausstellungen, Touren und sogar Spiele für Kinder (Infos: www.bioparc.ca). Wer tiefer Einblick bekommen möchte: In Percé an der Ostspitze der Insel werden Bootstouren, auch zum Fischen oder zur Walbeobachtung, angeboten, wie bei der Croisière au Park de l'Ile-Bonaventure-et-du-Rocher-Percé (Mitte Juni bis Mitte September zum Percé Rock und Bonaventure Island, Infos: Tel. 418-782-5526), wo ein Meeresbiologe Flora und Fauna erklärt.

WEITERE INFORMATIONEN

Websites: www.infogaspesie.com, www.tourisme-gaspesie.com

Der Rocher Percé, ein rosa leuchtender Kalksteinfelsen, 480 Meter lang und etwa 100 Meter hoch, scheint vor der Gaspé-Halbinsel zu schwimmen.

3 Die Bay of Fundy, New Brunswick & Nova Scotia

Eine Landschaft im Bann der Gezeiten

Man nennt sie die Maritimen Provinzen: New Brunswick, Nova Scotia, Cape Breton, Prince Edward Island sowie Newfoundland und Labrador – und das nicht zu Unrecht. Überall schlagen hier die Wellen des Atlantik übers Ufer, allgegenwärtig sind der salzige Geruch des Meeres und seine Gezeiten, die nirgendwo sonst so gewaltig sind wie in der Bay of Fundy.

Wald und Meer verschmelzen in der Bay of Fundy zu einer faszinierenden Einheit. Besonders die Gezeitenwechsel (unten und rechte Seite außen) sind ein unvergleichliches Erlebnis.

Einem Trichter gleich, bis zu 300 Kilometer tief und 80 Kilometer breit, hat sich die Bay of Fundy in westöstlicher Richtung in das Festland zwischen Nova Scotia und New Brunswick hineingeschoben. Diese besondere geografische Lage hat zur Entstehung eines der ungewöhnlichsten Naturereignisse auf unserem Planeten geführt. Aufgrund der speziellen Trichterform strömen hier zweimal täglich solche Unmengen an Wasser in die Bucht hinein und wieder heraus, dass die höchsten Gezeiten weltweit zustande kommen.

Besonders im nördlichen Ende des Trichters werden die vom Atlantik hineingedrückten Wassermassen bei Flut derart aufgestaut, dass bei Hochflut, um Neu- und Vollmond, der durchschnittliche Tidenhub bei neun bis zehn Metern liegt. Bei Springfluten können es sogar bis zu 16 Meter werden. Natürlich strömen die Wassermassen bei Flut auch in die in die Bucht mündenden Flüsse, und dabei entsteht das Phänomen der sogenannten Tidal Bore: Fast wie ein Tsunami drückt die Wasserwand mit donnerndem Rauschen den Fluss aufwärts und bewirkt, dass dieser plötzlich landeinwärts fließt. Bei Ebbe dreht sich das Schauspiel um, aus dem mächtigen Strom wird jetzt ein Rinnsal, und in der Bucht liegen die Boote im Schlick.

Ein atemberaubendes Schauspiel

Am besten lässt sich das atemberaubende Naturschauspiel im Fundy National Park bei Moncton in der Provinz New Brunswick, über den Highway 114 erreichbar, beobachten. Höhepunkt ist hier ein Spaziergang auf dem Meeresboden am Hopewell Cape, wenn die Gezeiten ihren tiefsten Stand erreichen. Den größten Tidenhub der Welt dagegen kann man im Minas-Basin bei Burntcoat Head (etwa 50 km nördlich von Halifax) in der Provinz Nova Scotia erleben.

Trotz der enormen Wasserbewegungen ist in der Bucht eine immense Lebensfülle zustande gekommen: Krustentiere und Fische, ja, sogar Wale sind zu beobachten. Zugleich handelt es sich um ein Paradies für Ornithologen. Wie vielfältig die Meereslandschaft sein kann, lernt man nur wenige Kilometer entfernt auch an der St.-Lorenz-Golfküste von New Brunswick kennen. Nach der zerklüfteten Felsküste der Fundy Bay trifft man hier auf sanft geschwungene Dünen und Sandstrände und dazu im Sommer auf über 20 Grad warme, gemächlich plätschernde Wellen. Zu den Highlights gehören La Dune de Bouctouche, eine der letzten großen Sanddünen an der Nordostküste Nordamerikas, und der Kouchibouguac National Park. Er wurde 1971 eingerichtet, um die empfindlichen Dünen und die vorgelagerten Barrier Islands zu schützen.

Im Tal des Saint John River

Morgens liegt der Duft von Kiefernnadeln in der kühlen Luft, und ein sanfter Wellenschlag erfüllt akustisch das Tal. Zeit, ins Kanu zu steigen und mit langen Paddelschlägen in die Nebelschwaden einzutauchen. Eine solche Bootsfahrt ist nur eine Möglichkeit, das Tal des Saint John River, der Lebensader New Brunswicks, kennenzulernen. Es gibt darüber hinaus Wander- und Radwege, oder man folgt bequem im Auto dem Canadian Highway 2 von Saint John Richtung Nordwesten hinein ins Tal, das von dichten Wäldern eingerahmt wird. Diese bildeten einst die Grundlage für die bedeutende Schiffsbauindustrie von New Brunswick.

Man glaubt fast, noch das Rattern der alten Fuhrwerke über die Holzplanken zu hören, steht man auf einer der legendären »Kissing Bridges«. Über 60 überdachte Holzbrücken sind in New Brunswick noch aus dem 19. Jahrhundert erhalten. Am River Valley Scenic Drive liegt beim Örtchen Hartland zum Beispiel die 1901 erbaute Hartland Covered Bridge. Sie ist mit ihren 390 Metern die längste überdachte Brücke der Welt. Je weiter man sich in der Provinz New Brunswick nordwärts bewegt, desto tiefer dringt man in die Appalachen ein, jenen Gebirgszug, der sich von New Brunswick entlang der Küste nach Süden bis in den US-Bundesstaat Alabama zieht.

SICH DIE FÜSSE VERTRETEN

Der Fundy National Park wird von Trails unterschiedlicher Länge durchzogen. Auch einige Aussichtspunkte, die mit Infotafeln versehen sind, lohnen, so z.B. am Alma Beach Boardwalk oder am Butland Lookoff. Informationen gibt es im Visitor Centre am Hwy. 114 nahe Alma, von wo aus auch im Juli und August fast täglich Beach Walks stattfinden (Infos: Tel. 506-887-6000, www.pc.gc.ca/eng/pn-np/nb/fundy/index.aspx, www.ebbtide.ca/guide.html).

Ökologische Entdeckungsreise:
Die Fundy Shore Ecotour ist eine ausgewiesene, dreiteilige Fahrtroute durch verschiedene Ökosysteme, die man in Amherst oder Windsor beginnen kann. Entlang der Strecke gibt es Schilder, die die Besonderheiten erklären, außerdem eine Broschüre mit ausführlichen Beschreibungen (www.fundyshoreecotour.ns.ca).

WEITERE INFORMATIONEN

Websites: www.bayoffundy.com und www.bayoffundytourism.com

4 Halifax und Nova Scotia

Britisches Bollwerk in der Neuen Welt

Wie ein Finger ragt die Halbinsel Nova Scotia in den Atlantik hinein. Kein Wunder, dass die ersten Siedler in der Neuen Welt, Franzosen, zunächst hier Fuß fassten und sich niederließen. Es dauerte nicht lange, bis auch Briten auftauchten und, um ihre Ansprüche auf diese Region in der Neuen Welt zu manifestieren, ab 1749 den natürlichen Hafen Halifax zu einem mächtigen Bollwerk ausbauten.

Es war erneut der Franzose Samuel de Champlain, der an der Mündung des Annapolis River in die Bay of Fundy 1604 mit Port-Royal den ersten europäischen Posten nördlich des von Spaniern im späten 16. Jahrhundert gegründeten St. Augustine in Florida errichten ließ. Weitere französische Siedler folgten, und so entstand bald eine blühende Gemeinde. Indianer, Piraten und besonders Briten ließen der prosperienden Siedlung jedoch keine Ruhe, und 1713 – nach dem Frieden von Utrecht –, fiel die Region endgültig an die englische Krone, die das Land nun Nova Scotia nannte und aus Port-Royal Annapolis Royal machte.

Bis 1749 blieb Annapolis Royal der wichtigste Ort Neuschottlands, dann wurde Halifax britische Kolonialhauptstadt. Die geografische Lage in einem natürlichen Hafenbecken auf der Atlantikseite der Halbinsel Nova Scotia war für diesen Entschluss verantwortlich gewesen und hatte die Neugründung begünstigt. Hier begannen die Briten ihren wichtigsten militärischen und wirtschaftlichen Stützpunkt in Kanada auszubauen.

Im Umfeld des Port of Halifax schossen zahlreiche weitere Orte aus dem Boden, die zusammen das Halifax County bildeten. Im Jahr 1996 schloss man dieses auf etwa 200 einzelne Viertel und Gemeinden angewachsene Konglomerat zur Halifax Regional Municipality (HRM) zusammen. Heute ist HRM das bedeutendste Wirtschafts- und Verwaltungszentrum der sogenannten Maritimes. Das Areal umfasst rund 5500 Quadratkilometer, erstreckt sich über circa 165 Kilometer und macht etwa zehn Prozent der gesamten Provinz Nova Scotia aus.

Die Tragödie der Acadiens

Traditionell haben in diesem Neuschottland die unterschiedlichsten Menschen eine Bleibe gefunden, doch kein Schicksal war so bewegend wie das der französischen Siedler, der sogenannten Acadiens. Sie lebten hauptsächlich in Nova Scotia, aber auch im benachbarten New

Die Vergangenheit ist nicht nur in Halifax lebendig, von der Old Town Clock (oben) bis zum Hafen (rechte Seite), sondern auch in einem der Freiluftmuseen von Nova Scotia.

Brunswick und auf Prince Edward Island. Nach dem Frieden von Utrecht, 1713, musste Frankreich die Maritimes an Großbritannien abtreten. Die Briten kümmerten sich lange Zeit wenig um die hier lebenden Franzosen.
Erst im Jahr 1754 stellten sie die Bevölkerung vor die Wahl: Anerkennung der englischen Krone und der anglikanischen Religion oder Auswanderung. So wurden ab 1755 zahlreiche Acadiens aus Nova Scotia und New Brunswick vertrieben, die meisten fanden nach einer Odyssee im heutigen Louisiana eine neue Heimat. Mit seinem Epos »Evangeline« setzte der amerikanische Dichter Henry Wadsworth Longfellow ihnen 1847 ein Denkmal.
An jene Zeiten erinnern in Annapolis Royal zwei historische Monumente: die Port Royal sowie die Grand-Pré National Historic Site. Halifax mit ihren 380 000 Bewohnern ist die größte Stadt östlich von Québec City und verkörpert das moderne Neuschottland. Der Hafen hat seine Bedeutung nie verloren und hat sich vom militärischen Stützpunkt zu einem der größten Containerhäfen der Welt entwickelt.

Maritimes Erbe in HRM

Das maritime Erbe begleitet einen in Halifax auf Schritt und Tritt: Die die Stadt überragende Halifax Citadel, 1826–56 erbaut, um den Hafen zu sichern, erfüllte zwar nie eine militärische Schutzfunktion, ist dafür aber heute eine Top-Touristenattraktion. Über die Seefahrtsgeschichte informiert auch das Maritime Museum of the Atlantic in der Lower Water Street, und am benachbarten Pier erinnert die »HMCS Sackville«, ein Konvoi-Begleitschiff, an die gefährlichen Atlantiküberquerungen während des Zweiten Weltkriegs.
Das alte Hafenviertel von Halifax wurde liebevoll renoviert, und in die historischen Bauten sind Läden, Restaurants, Cafés und Kneipen eingezogen. Südlich davon liegt der berühmte Pier 21: Zwischen 1928 und 1971 befand sich hier für über eine Million Einwanderer das »Tor nach Kanada«. Ein Museum erinnert daran.

TIPP FÜR BIERFREUNDE

Die Alexander Keith's Nova Scotia Brewery (1496 Lower Water St.) stammt von 1820 und ist damit eine der ältesten kontinuierlich betriebenen Brauereien in Nordamerika. Es gibt von Mitte Mai bis Ende Oktober täglich, sonst an Wochenenden, Touren mit historisch gekleideten Führern. Zugehörig ist die gemütliche Stag's Head Tavern, dort werden die Ales des Hauses ausgeschenkt, alle nach Originalrezept des schottischen Immigranten Alexander Keith gebraut, der mit India Pale Ale seine Brauereikarriere begonnen hatte (Infos: Tel. 902-455-1474, www.keiths.ca).

WEITERE INFORMATIONEN

In Deutschland: Destination Nova Scotia, c/o Lange Touristik-Dienst, Eichenheege 1-5, 63447 Maintal, Tel. (01805) 526232, http://de.canada.travel
Websites: www.visitors.halifax.ca oder www.halifaxinfo.com
Empfehlenswerte B&Bs: www.halifaxinfo.com/accommodations

5 Cape Breton Island und der Cabot Trail

Der Cabot Trail folgt auf malerischer Route der Küste von Cape Breton Island (oben) und ermöglicht Abstecher in das faszinierende Hinterland (rechte Seite).

Malerische Route zwischen Land und Meer

Noch liegt das Salz der Brandung in der Luft, dann taucht die Straße plötzlich in den dichten Wald ein und man hat das Gefühl, hoch über dem Atlantik zu schweben. Der sogenannte Cabot Trail folgt der zerklüfteten, rauen Küste des wildromantischen Nordteils von Cape Breton Island auf atemberaubende Weise und zählt zu den schönsten Routen in den Maritimes.

Ciad mile failte« – hunderttausend Mal willkommen! Mit diesem gälischen Gruß empfängt man auf Cape Breton Island Besucher. Auch wenn die Insel durch eine Brücke mit dem Festland, der Provinz Nova Scotia, verbunden ist, scheint gerade hier das keltische Erbe besonders lebendig zu sein. Gelegentlich vernimmt man sogar den Klang von Dudelsäcken, und in den kleinen Fischerdörfern gehören zum Trocknen ausgelegte Fischernetze zum Bild. Das Meer war schon immer der alles bestimmende Faktor in Nova Scotia – kein Wunder bei über 7400 Kilometern zerklüfteter, wildromantischer Granitküste! Die Scenic Route (Hwy. 19) im Norden von Cape Breton Islands erinnert an den legendären Seefahrer John Cabot (1450–1499). Geboren in Italien als Giovanni Caboto war er einer der ersten Europäer, die 1497 auf dem nordamerikanischen Kontinent gelandet waren. In Diensten der britischen Krone erkundete und kartierte er die Küste zwischen dem heutigen Nova Scotia und Newfoundland. 1499 machte sich Cabot erneut von Bristol auf den Weg nach Kanada, doch von dieser Reise sollte er nie mehr zurückkehren.

So blieben die hier lebenden Micmac-Indianer und einige portugiesische Fischer, die zwischen 1522 und 1570 ein Dorf unterhielten, lange Zeit unter sich, bis die Franzosen auch hier erste Siedlungen gründeten. 1629 entstand Fort Sainte Anne als erster bedeutender französischer Posten, 1719 wurde die mächtige Fortress of Louisbourg errichtet, die als wichtigster Seehafen und Militärstützpunkt der Franzosen in Nordamerika diente. 1759 von den Briten zerstört, wurde die Festung 1961 als Freiluftmuseum wieder aufgebaut.

Neue Heimat der Schotten

Vielleicht waren es die sanften Hügel im Süden und das karge Hochland im Nor-

den der Insel, das abrupt ins Meer abfällt, was vor allem schottische Siedler anlockte. Schließlich erinnerte diese Landschaft sie an ihre Heimat. Nachdem auch Cape Breton Island 1763 an die Briten fiel, siedelten sich mehr und mehr Schotten und Iren hier an. Sie stellen noch heute die Bevölkerungsmehrheit auf der etwa 1000 Quadratkilometer großen Insel. Der für Besucher interessante Teil liegt im Norden, wo sich auch der Cape Breton Highlands National Park ausbreitet.

Über fast 300 Kilometer schlägt der Cabot Trail einen großen Bogen um den Nordteil von Cape Breton Island. Vom größten Ort Sydney folgt er zunächst im Osten der Atlantikküste, bevor er im Norden den 950 Quadratkilometer großen Highlands National Park passiert. Die Route knickt dann nach Westen um, zur St.-Lorenz-Golfküste – und auch dieser Küstenabschnitt ist malerisch. Es geht vorbei an kleinen Fischerdörfern wie Chéticamp oder Belle Côte, in denen noch heute Französisch gesprochen wird.

Besuch bei Mister Bell

Schließlich führt der Cabot Trail bei Margaree Harbour zurück ins Landesinnere; die Straße folgt dem gleichnamigen Fluss zum Bras d'Or Lake und dem dort liegenden kleinen Ferienort Baddeck. Hier lebte zwischen 1893 und 1922 Alexander Graham Bell, der unter anderem am 14. Februar 1876 das Telefon patentieren ließ. Über Bell und seine Erfindungen erfährt man mehr in der hier gelegenen Alexander Graham Bell National Historic Site. In anderen Ortschaften entlang dem Cabot Trail kennen man mehr über die ethnische Herkunft der Bewohner lernen. So ist St. Ann's Heimat des Gaelic College of Celtic Arts and Crafts, der einzigen keltischen Hochschule Nordamerikas. In Chéticamp dagegen lebt bis heute das französische Element in Sprache und Musik weiter, besonders während des Festival de l'Escaouette Ende Juli. Über die Geschichte der Region und ihrer Siedler informiert das North Highlands Community Museum in Cape North, der nördlichsten Gemeinde am Trail.

GANZ IM ZEICHEN DER KELTEN

Dudelsäcke und Schottenröcke, Highland Games und Fiddler, Square Dance und warmes Bier – während des Celtic Colours International Festival auf Cape Breton Island steht im Oktober neun Tage lang alles im Zeichen der Kelten, vor allem ihrer Musik. In verschiedenen Gemeinden auf Cape Breton Island finden mehr als 40 Konzerte statt. Es gibt Ausstellungen, Workshops und andere Veranstaltungen. Besonders beliebt sind die Darbietungen im Festival Club des Gaelic College of Celtic Arts and Crafts in St. Ann's, der 1938 gegründeten Hochschule.
Infos: www.celtic-colours.com sowie www.gaeliccollege.edu

WEITERE INFORMATIONEN

Websites: www.cabottrail.com, www.capebretonisland.com

Newfoundlands Bewohner gelten für die restlichen Kanadier als eigenwillige und kauzige Sonderlinge, ganz anders als die vierbeinigen Neufundländer (oben). Basstölpel brüten an der Küste Newfoundlands (unten). Während der Atlantik für die meisten Badeurlauber zu kalt ist, erreicht der Georges Lake im Sommer Badetemperatur (rechte Seite).

6 Newfoundland und Labrador

Wo Nordamerika Europa am nächsten ist

Für viele Kanadier ist Newfoundland beinahe ebenso so weit entfernt wie Europa, schließlich bildet die über 111 000 Quadratkilometer große Insel den zu Europa nächstgelegenen Punkt Nordamerikas. Allein diese isolierte Lage macht aus Newfoundland etwas Besonderes. Hier wirkt die Natur noch ungestümer und urtümlicher, die Winter sind länger und kälter und die Menschen sind anders.

Newfoundland ist eine Provinz von überwältigender Naturschönheit, die man noch dazu überwiegend ungestört und weitgehend allein genießen kann. Tourismus ist auf der Insel beinahe noch ein Fremdwort. Dabei gibt es nicht nur viel zu sehen und zu erleben, sondern auch die Bewohner zählen gemeinhin zu den freundlichsten und humorvollsten Kanadiern. Den Unbilden der Natur ausgesetzt, haben sich die »Newfies«, wie der Rest Kanadas sie nennt, eine besondere Lebensphilosophie zu eigen gemacht: »Trotz alledem« lautet ihr Motto.
Für den Rest Kanadas fallen die »Newfies« etwas aus dem Rahmen und sind für allerhand Witze gut. Was diese wiederum mit Gelassenheit hinnehmen – ein Charakterzug, den sie der gleichnamigen Hunderasse vererbt zu haben scheinen. Wer würde sonst Ortschaften Namen wie Ha Ha Bay, Nacy Oh!, Cow Head oder Jerry's Nose geben? Unzählige Generationen von »Newfies« verdienten und verdienen ihren Lebensunterhalt mit dem Fischfang und leben seit Jahrhunderten in kleinen Fischersiedlungen entlang der 16 800 Kilometer langen Küste, vor der träge, steil aufragende Eisberge schwimmen und bis zu 36 Tonnen schwere Buckelwale die Fluten durchpflügen.
Newfoundland, Kanadas östlichste Provinz, liegt zwischen dem Golf von St. Lorenz und den Weiten des Atlantiks. Dagegen nimmt die verwaltungstechnisch zugehörige Labrador-Region den größeren, nördlichen Festlandteil ein und grenzt im Westen an die Provinz Québec. Nicht nur größenmäßig, sondern auch geografisch unterscheiden sich die beiden Gebiete, die zur »Province of Newfoundland and Labrador« zusammengefasst sind, enorm: Newfoundland ist infrastrukturell gut erschlossen und wird bewohnt von einer knappen halben Million Menschen, Labrador gilt hingegen als eines der letzten großen Wildnisgebiete der Erde und wird nur im Süden von ein paar Straßen durchzogen.

Das Cape Spear (oben und rechte Seite) ist nicht nur der östlichste Punkt Nordamerikas und ein Naturparadies, hier kommt auch die »Neue Welt« dem alten Kontinent am nächsten. Der Gros-Morne-Nationalpark wurde 1987 zum Weltnaturerbe ernannt (rechte Seite).

Die letzte der zehn Provinzen

Zwar hatte schon 1497 der italienische Seefahrer in britischen Diensten, John Cabot, erstmals den Fuß auf den Boden Newfoundlands gesetzt und im Jahr 1583 Sir Humphrey Gilbert Newfoundland für England beansprucht. Doch erst in der zweiten Hälfte des 18. Jahrhunderts entstanden permanente Siedlungen. Anfang des 19. Jahrhunderts wurde schließlich eine Kolonialverwaltung in St. John's ins Leben gerufen und 1832 etablierte sich das erste öffentlich gewählte Parlament.

Es sollte jedoch noch bis 1949 dauern, ehe sich Newfoundland als zehnte und letzte Provinz an Kanada anschloss. Erst 2001 wurde durch einen Zusatz zur kanadischen Verfassung der Name der Provinz offiziell festgelegt: »Newfoundland and Labrador«. Kein Wunder, dass in den Köpfen vieler Kanadier dieses Land noch heute in weiter, unbekannter Ferne liegt! Es war übrigens Cabot gewesen, der der Insel ihren Namen gab: »Terra Nova« nannten sie die Italiener, deren britische Auftraggeber dann aber lieber vom »New Found Land« sprachen.

Die Wikinger waren die Ersten

Was der norwegische Abenteurer Helge Ingstad und seine Frau, die Archäologin Anne Stine Ingstad, 1960 berichteten, schlug wie eine Bombe ein: Sie hatten Spuren einer europäischen Siedlung gefunden, die sich in die Zeit um 1000 datieren ließ. Weder Kolumbus noch Cabot waren also die ersten Europäer in Amerika gewesen. Abgesehen davon, dass die Indianer als Ureinwohner von dem Wort Entdeckung nichts halten, beweisen die Ruinen der gefundenen Siedlung bei L'Anse-aux Meadows, dass sich die Wikinger lange vor allen anderen Europäern in der Neuen Welt niedergelassen hatten. Newfoundland war demnach der erste europäisch besiedelte Teil der Neuen Welt.

Es soll der legendäre Eriksson, der Sohn des »roten Erik«, gewesen sein, der mit seinen Männern von Grönland nach »Vinland« segelte und sich dort niederließ. Eine Karte aus dem späten 16. Jahrhundert zeigt in der Tat im Westen ein »Promontorium Winlandia«. Die Reste der Wikinger-Siedlung L'Anse-aux-Meadows wurden 1960 freigelegt und stehen als Weltkulturerbestätte an der Spitze der Great Northern Peninsula am Viking Trail (Route 430) Besuchern offen.

Wo Nordamerika beginnt

Dort wo Newfoundland am weitesten in den Atlantik hinausragt, auf der Halbinsel Avalon, beginnt der nordamerikanische Kontinent. Gab die schroff-wilde Schönheit Anlass, diesen Landstrich nach dem heiligen Gral der Ritter von König Arthurs Runde zu nennen? Schon im 16. Jahrhundert hatten sich auf Newfoundland Fischer und Bauern niedergelassen. Noch heute kursieren an langen Winterabenden in den Pubs der Hauptstadt Saint John's die kuriosesten Legenden. Die Stadt mit ihren rund 175 000 Einwohnern gilt als die älteste europäische Stadt Nordamerikas. Gegründet zu Beginn des 16. Jahrhunderts, wurde sie nach Johannes dem Täufer benannt, an dessen Namenstag John Cabot im Jahr 1497 erstmals »Terra Nova« betreten haben soll.

Avalon ist bekannt für Karibu-Herden, Seevögelkolonien, Wale und Eisberge. Von der Witless Bay verkehren Boote zur Witless Bay Ecological Reserve, und an der Südspitze der Halbinsel markiert ein Leuchtturm die Cape St. Mary's Ecological Reserve mit ihrer Seevögelkolonie. Der älteste Leuchtturm von 1839 steht 15 Fahrtminuten südöstlich von St. John's, in der Cape Spear National Historic Site, dem östlichsten Punkt Nordamerikas. Geschützte kleine Buchten, weiße Sandstrände und tiefblaues Wasser – die Ostküste Newfoundlands um Kanadas östlichsten Nationalpark, den Terra Nova National Park, gibt sich im Sommer fast karibisch und lädt zum Segeln, Schwimmen oder zu Strandspaziergängen ein. Lang gestreckte Buchten, aber auch Seen und viel Wald und Wild, Wanderwege, Campingplätze und eine Kanuroute warten auf Besucher.

Blick in die geologische Vergangenheit

Im hohen Norden treffen nordamerikanische und afrikanische Erdplatte aufeinander und setzen enorme Kräfte frei. Besonders gut lässt sich das im Gros Morne National Park beobachten. Der Park liegt an der zentralen Westküste der Insel, der sogenannten »French Shore«, an der französische Fischer bis 1904 von den enormen Lachsbeständen profitierten. Die einzigartige Parklandschaft, die 1987 von der UNESCO zum Weltkulturerbe erklärt wurde, gewährt Einblick in die geologische Vergangenheit der Region mit Bergen mit subarktischem Klima, Fjorden, erstarrter Lava und Sanddünen. An der Südwestecke liegen die Tablelands, ein 600 Meter hohes Plateau, das vor Millionen Jahren durch tektonische Kräfte an die Erdoberfläche gelangte.

ÜBERNACHTEN IM LEUCHTTURM

Im Quirpon Lighthouse Inn in Corner Brook auf Quirpon Island, an der nördlichsten Spitze der Great Northern Peninsula, hoch im Nordosten Newfoundlands gelegen, gegenüber dem L'Anse-aux-Meadows National Historical Park, können Gäste in der Abgeschiedenheit eines Leuchtturmwärterhauses von 1922 nächtigen. Dazu sind die Chancen groß, hier an der sogenannten Iceberg Alley Eisberge, aber auch Wale zu sehen. Es gibt insgesamt zehn Zimmer in zwei Häusern zu Füßen des Leuchtturms. Im Übernachtungspreis eingeschlossen sind eine 45-minütige Bootstour sowie alle Mahlzeiten.
Infos: www.linkumtours.com,
Tel. 709-634-2285

WEITERE INFORMATIONEN

Newfoundland & Labrador, Dept. of Tourism, PO Box 8700, St. John's, Newfoundland, Canada A1B 4J6,
Tel. 1-800-563-6353
Website: www.newfoundlandlabrador.com

Für die Micmac-Indianer war Prince Edward Island das »Land eingebettet in die Wogen« – Bilder von der Westküste (oben) mit ihren Fischerdörfern und Leuchttürmen (rechte Seite) belegen diesen Eindruck.

7 Prince Edward Island

Die Geburtsstätte Kanadas

Abeg-we-it, das »Land eingebettet in die Wogen«, nannten die Micmac-Indianer Prince Edward Island. PEI, wie die Kanadier die kleinste Provinz kurz nennen, schmiegt sich im Südteil des St.-Lorenz-Golfs ganz dicht an die Küstenlinie der zum Greifen nahen Nachbarprovinzen New Brunswick und Nova Scotia. Das Meer hat die Insulaner geprägt, aber sie spielten auch eine Rolle als »Geburtshelfer« Kanadas.

Ausgerechnet auf Prince Edward Island trafen sich 1864 nämlich Vertreter aus den Maritimes sowie aus Upper and Lower Canada, den heutigen Provinzen Ontario und Québec, um über eine mögliche Konföderation nachzudenken. In jenen Tagen wurde die Basis für das vereinte Kanada gelegt, das 1867 als »Dominion Canada« von Großbritannien offiziell anerkannt wurde. Im Province House von Charlottetown, mitten in der Altstadt, in der die Zeit stehen geblieben zu sein scheint, wird dieses geschichtsträchtige Ereignis heute nicht nur stolz nachgespielt, sondern man zeigt Besuchern gerne auch jenen Tisch, um den damals die Vertreter saßen.

Für die Kanadier gilt PEI als die Geburtsstätte Kanadas. Doch das kleine Inseljuwel ist auch berühmt für den zartesten Hummer und seine sanften grünen Hügel, die zur roten Felsküste – bewirkt durch eine hohe Eisenoxid-Konzentration – und zu den ungewöhnlichen roten Stränden kontrastieren. Dank des milden Klimas und der langen landwirtschaftlichen Tradition ist PEI auch als »Garden of the Gulf« oder »Million Acre Farm« bekannt. Wobei letztgenannter Spitzname leicht übertrieben ist, zumal heute gerade einmal die Hälfte der nur rund 5700 Quadratkilometer großen Insel noch bewirtschaftet wird.

Kanadas Sommerfrische

Die Einheimischen sprechen humorvoll von »potholes every inch« – Schlaglöcher, nichts als Schlaglöcher – und beziehen sich auf die vielen, meist nicht sehr gut instand gehaltenen Landstraßen. Dabei ist die nach Prince Edward Augustus (1767–1820), dem Vater von Königin Victoria und einstigem Oberbefehlshaber der britischen Truppen in Nordamerika, benannte Insel seit 1997 durch die fast 13 Kilometer lange, elegant geschwungene Confederation Bridge mit dem Festland, New Brunswick, verbunden. Die 1997 erbaute Brücke über die Northcumberland Strait verbindet seither die Insel mit dem Festland

(New Brunswick) und war eine Dankesbezeugung Kanadas für die Rolle der Insel bei der Entstehung des Dominion. Seither ist der Zugang erleichtert, doch bereits im späten 19. Jahrhundert hatte sich PEI zum beliebten Ferienort und zur Sommerfrische vermögender britischer Kolonialfamilien entwickelt. Aus dieser Zeit stammt auch der Name, denn seit der Übernahme von den Franzosen ab 1763 hatten die Briten sie zunächst St. John's Island genannt. Da es aber zwei Städte in den Maritimes, auf Newfoundland und in New Brunswick, mit ähnlichem Namen gab, sollte der neue für Unverwechselbarkeit sorgen.
Inzwischen sind es nicht mehr ausschließlich die Reichen, sondern auch ganz gewöhnliche Familien aus den Maritimes und aus den beiden Provinzen Ontario und Québec, die sich im Sommer an den Stränden tummeln und die vom Golfstrom verursachten milden Wassertemperaturen von rund 20 Grad genießen. Besonders der Prince Edward Island National Park an der Nordküste lockt mit einem etwa 40 Kilometer langen, diesmal weißen Sandstrand, zu dem die roten Sandsteinfelsen malerisch kontrastieren.

Nicht nur Kartoffeln

Nach der 13 Kilometer langen Fahrt über die Confederation Bridge erreicht man auf dem Trans Canada Highway den Süden der Insel. Hier liegt auch die Provinzhauptstadt Charlottetown. Die Hügellandschaft im Hinterland der Insel und um die kleine Hauptstadt herum ist ein wichtiges Agrarzentrum im Osten Kanadas. Gerade der Kartoffelanbau spielt eine dominante Rolle – neben dem US-Bundesstaat Idaho werden hier die meisten Erdäpfel angebaut. Dazu gehört der Fischfang, der wie der Tourismus ein traditioneller Wirtschaftsfaktor ist. Besonders Hummer, Muscheln und Austern aus den Gewässern um die Insel herum gelten als Spezialitäten, die man bei einem Besuch in einem der Hafenstädtchen unbedingt einmal probieren sollte.

DIE KANADISCHE PIPPI LANGSTRUMPF

Was Pippi Langstrumpf für Europa ist, sind die Abenteuer von »Anne auf Green Gables« der PEI-Autorin Lucy Maud Montgomery (1860–1942) für die Kanadier. Jedes Kind besucht einmal das Green Gables House in der Ortschaft Cavendish, das der Autorin als Vorlage diente. Aber nicht nur die Kanadier lieben Anne, auch Astrid Lindgren gehörte zu ihren Verehrerinnen. Die temperamentvolle und eigenwillige rothaarige Anne diente wohl sogar als Vorbild für Pippi Langstrumpf. 1908 war die erste Geschichte erschienen, acht weitere folgten. Die Green-Gables-Geschichten sind teilweise auch übersetzt worden, und es gibt mittlerweile sogar ein Musical.

Infos: www.pc.gc.ca/lhn-nhs/pe/greengables

WEITERE INFORMATIONEN

Prince Edward Island, Island Information Services, PO Box 2000, Charlottetown, Prince Edward Island, Canada C1A 7N8, Tel. 1-888-734-7529

Websites: www.tourismpei.com, www.peisland.com

8 »La belle Montréal«

Besuch in der zweitgrößten französischen Stadt der Welt

Wie kaum eine andere Stadt Nordamerikas verkörpert Montréal die Neue und die Alte Welt zugleich: hier spitze Kirchtürme, dort verglaste Skyscraper, hier enge Gassen in Vieux-Montréal, dort ethnisch bunte Stadtviertel. Mit gallischer Gelassenheit erträgt und genießt die Stadt diese Gegensätze. Nur eines bringt die Einwohner Montréals aus dem Häuschen: die »Canadiens«, das legendäre Eishockeyteam ...

Anders als die altehrwürdige Ville de Québec hat das »schöne« Montréal neben seinem historischen Gesicht auch ein modernes mit Hochhäusern und zeitgenössischer Kunst zu bieten (oben und rechte Seite).

Englisch oder Französisch? In Montréal, der zweitgrößten französischsprachigen Stadt der Welt nach Paris, weiß man nie so recht, was angesagt ist. Doch Montréal ist nicht nur der Schnittpunkt zwischen anglo- und frankofonem Kanada, die Stadt am St.-Lorenz-Strom ist längst auch eine multikulturelle Metropole, und genau das macht ihre Faszination aus: Hier gehen der Charme der Alten Welt und das pulsierende Leben einer modernen nordamerikanischen Großstadt, Lebensstil und Eleganz, französisches Savoir-vivre und anglosächsischer Way of Life eine faszinierende Symbiose ein.

»La Belle«, die Schöne, wie die rund 1,6 Millionen Einwohner – über 3,6 Millionen sind es im Großraum – stolz ihre Stadt nennen, wurde 1642 als »Ville-Marie« von Paul de Chomedey, Sieur de Maisonneuve, gegründet. Das Dorf entstand zu Füßen des heute noch die Stadt überragenden Mont-Royal. Auf ihm stand schon am 2. Oktober 1535 der französische Abenteurer und Forscher Jacques Cartier. Obwohl sich hier »Hochelaga«, ein Irokesen-Dorf, befand, hatte Cartier das ganze Gebiet zu französischem Besitz erklärt.

Handelszentrum in der Wildnis

Es sollte dann jedoch bis 1611 dauern, ehe wieder Europäer auftauchten. Samuel de Champlain richtete auf der Insel La Place Royale, heute Île Sainte-Hélène, mitten im St.-Lorenz-Strom einen Handelsposten ein. 1639 folgte die Missionsstation Notre-Dame de Montréal und schließlich zu Füßen des Mont-Royal 1642 das kleine Dorf Ville-Marie. Trotz der Bedrohung durch die Irokesen wurde der Ort zum bedeutendsten Pelz-Handelsposten in Neu-Frankreich. Die sogenannten Voyageurs, französische Indianermischlinge und erfahrene Kanuten, schafften die Felle aus dem unerforschten, »unzivilisierten« indianischen Hinterland heran, und von hier aus wurden sie nach Europa weiter verschifft. 1760 während des Siebenjährigen Krieges den Briten kampflos überlassen,

Das alte Montréal symbolisiert die Altstadt (oben) mit Rathaus (Mitte) und Basilika Notre Dame (unten), während die Place d'Armes den Übergang zur Moderne (rechte Seite außen) markiert.

ging Montréal zusammen mit dem Rest Neu-Frankreichs 1763 ins britische Kolonialreich über. Das änderte jedoch nichts an der wirtschaftlichen Stärke der Stadt. Erst in den 1970ern überholte Toronto Montréal nicht nur als bevölkerungsreichste Stadt, sondern auch als Kanadas wichtigstes Industrie-, Handels- und Finanzzentrum. Dennoch ist Montréal, seit 1976 Kanadas einzige Sommer-Olympiastadt, bis heute neben Toronto ein wichtiges Wirtschaftszentrum geblieben.

Buntes Mosaik

Montréal ist ein buntes Mosaik aus historisch gewachsenen Vierteln und moderner Hochhauskulisse, ein Experimentierfeld verschiedener Ethnien und Identitäten. Im Karree Saint-Louis ließen sich Immigranten und Flüchtlinge aus aller Welt nieder: orthodoxe Juden und Libanesen, Chilenen und Haitianer. Sie treffen in den Läden und Kneipen am Boulevard St.-Laurent auf Schickimickis und Intellektuelle, auf Künstler und Träumer, die in den zahlreichen Cafés Weltprobleme oder Aktienkurse diskutieren. Multikulti herrscht auch im nahen Chinatown, und Little Italy ist bekannt für seinen Wochenmarkt und die Espresso-Bars.
In der ufernahen Rue Sainte-Cathérine geht man »magasiner« in modernen Einkaufszentren, die Teil einer unterirdischen Stadt mit Shops, Restaurants, Kinos, Hotels und Büros sind.
Es gibt im Großraum mehr als 650 Parks und Grünflächen, doch am beliebtesten ist der Hausberg, der Mont-Royal, mit der grünen Lunge der Stadt, dem Parc Mont-Royal. Zu Füßen des Hügels erstrecken sich die alten Viertel: im Norden das noble Outremont und das Künstlerviertel Plateau Mont-Royal mit seinen farbenprächtigen Wandmalereien und Freiluft-Cafés, im Süden die Place Ville-Marie und das Karree Dominion sowie »Le Vieux Montréal«, die Altstadt mit Kopfsteinpflaster und historischem Baubestand. Hier steht auch das Hôtel de Ville, von dessen Balkon 1967 Frankreichs Präsident Charles de Gaulle jene unvergessenen Worte sprach: »Vive le Québec libre!«

Kirchen und Museen

Zu den Sehenswürdigkeiten im Altstadtviertel gehört neben der Basilique Notre-Dame von 1829 und der Chapelle de Notre-Dame-de-Bonsécours von 1771 auch das Musée d'Archéologie et d'Histoire Pointe-à-Callière. Es gibt einen faszinierenden Einblick in Montréals Geschichte. Ein weiteres Museum lohnt einen Besuch: Das nahe der 1921 gegründeten Université McGill gelegene Musée des Beaux-Arts zählt zu den ältesten (von 1860) und besten kanadischen Kunstsammlungen.
Von der Hafenpromenade am Old Port of Montréal fällt der Blick einerseits auf die Île Ste-Hélène mit den Überbleibseln der Weltausstellung von 1967, andererseits auf die Kirchen und historischen Bauten der Altstadt. Im Nordwesten der Innenstadt bildet schließlich das futuristische Olympiastadion von 1976, vom Reißbrett des Roger Taillibert, den markanten Punkt im Parc Olympique.

Die »Flying Frenchmen«

Wie keine andere Mannschaft haben die Montréal Canadiens Eishockey-Geschich-

te geschrieben: Kein Verein hat im Berufssport so viele Titel gewonnen: 23 mal ging der Stanley Cup, die Meistertrophäe der nordamerikanischen Profiliga NHL (National Hockey League), nach Montréal. Und kein anderer Club hat Superstars in so großer Zahl hervorgebracht. Die Glanzzeiten des 1909 gegründeten Traditionsvereins lagen zwischen 1953 und 1979: 16 Stanley-Cup-Gewinne und drei Vizemeisterschaften waren damals zu verbuchen.
Noch heute strahlen die Augen jedes Montréalais, wenn von jenen »Flying Frenchmen« die Rede ist, die wegen ihres Angriffswirbels unsterblich geworden sind. Die Canadiens oder »Les Habs«, wie man das Team in Montréal nennt, genießen noch heute einen legendären Ruf, und von Alt-Stars wie Maurice »The Rocket« Richard, Jacques Plante, Jean Béliveau, Ken Dryden, Serge Savard oder Guy Lafleur schwärmen die Montréalais noch heute, obwohl man bisher an die großen Zeiten nicht mehr anschließen konnte.

Rot oder Blau?

Gerade wenn die »Roten« (Montréal Canadiens) und die »Blauen« (Toronto Maple Leafs) aufeinandertreffen, dann fiebern nicht nur die Fans beider Städte mit, dann spaltet sich ganz Kanada in zwei Lager. Inzwischen haben auch die Matches gegen die Senators aus der kanadischen Hauptstadt Ottawa einen ähnlichen Status erreicht. Eishockey und Montréal sind eine eingeschworene Gemeinschaft, und alle Heimspiele der »Habs« sind ausverkauft: 21 273 Fans sorgen dann im Centre Bell für einen Hexenkessel.

JAZZ-FESTIVAL IN MONTRÉAL

Ende Juni, Anfang Juli findet in Montréal elf Tage lang das Festival International de Jazz de Montréal (www.montrealjazzfest.com), eines der besten Jazz-Festivals der Welt statt. Neben vielversprechenden Nachwuchsmusikern treten die Legenden der internationalen Jazz-Szene auf, und das musikalische Spektrum reicht von Free Jazz über Afrobeat, Brazilian und Klezmer bis hin zu New Orleans Jazz und Dixieland. Über zwei Millionen Besucher und mehr als 600 Künstler sind zugegen. Viele Konzerte sind gratis, viele finden in Jazz-Clubs (»Nuits de Montréal«) statt.

WEITERE INFORMATIONEN

Vor Ort: Infotouriste Centre, 1001 Square-Dorchester St.; Bureau d'information touristique du Vieux Montréal, 174 Notre-Dame Est, Tel. 514-873-2015
Websites: www.tourisme-montreal.org, www.bonjourquebec.com – deutschsprachige Website, auch herunterladbare Broschüren.

Ein Blick auf die Skyline zeigt es (rechte Seite): Kanadas Haupstadt Ottawa ist eine Verwaltungstadt mit historischen Bauten und Denkmälern, hier jenes für Premier Lester B. Pearson (1897–1972).

9 Ottawa – Kanadas politisches Zentrum

Der Aufstieg vom Bauarbeitercamp zur Hauptstadt

Kanadas Hauptstadt hat es schwer: Kam der Umzug eines Regierungsbeamten nach Ottawa früher einer Strafversetzung gleich, so mangelt es der sauberen Regierungszentrale heute noch immer etwas an Selbstbewusstsein, und es scheint schwierig, mit dem Reiz Montréals oder der Ville de Québec mitzuhalten. Dabei können allein die zahlreichen Nationalmuseen und Kunstgalerien das Fehlen eines spezifischen Flairs aufwiegen.

Kanadas Herz schlägt im Osten, irgendwo zwischen Toronto, Ottawa und Montréal, am Schnittpunkt der beiden Provinzen Québec und Ontario. Diese beiden Provinzen waren es auch, die sich Mitte des 19. Jahrhunderts zusammenschlossen und die Loslösung vom britischen Königreich erzwangen. Entlang ihrer gemeinsamen Lebensader, dem St.-Lorenz-Strom, leben seit jeher die meisten Kanadier, liegen die bedeutendsten Metropolen, Industriezentren und eben auch die Hauptstadt Ottawa. Dieses kanadische Kernland ist eine Region voller Kontraste: Einerseits der dicht besiedelte Süden und andererseits die endlosen Weiten des fast menschenleeren Nordens, angelsächsische Geschäftigkeit in Ontario und Laisser-faire im französischen Québec. Hier treffen Big Business und undurchdringliche Wildnis, Wolkenkratzer und Wigwams, Wohlstand und ums Überleben kämpfende Indianer, Trapper und Holzfäller, Wölfe und Bären aufeinander.

Hauptstadt mit einem Hauch von Provinz

Ottawa will gar keine Weltstadt sein, auch wenn hier monumentale Regierungsbauten stehen und sich Botschaften und Gesandtschaften aus aller Herren Länder eingemietet haben. Durch die hellen und sauberen Alleen und Straßen der Stadt weht eher ein Hauch von Provinz. Oder liegt das lediglich daran, dass es sich um eine eher ordentliche Regierungszentrale handelt, um eine typische Beamtenstadt, in der nach Büroschluss die Gehwege hochgeklappt werden, wie die übrigen Kanadier lästern?

Noch etwas prägt die kanadische Hauptstadt: das britische Erbe. Das Par-

Ottawas Hauptattraktion sind neben Verwaltungsbauten wie dem Parliament Hill mit dem Peace Tower (rechte Seite) und der City Hall (rechte Seite außen) Museen wie die National Gallery oder das Musée Canadien des Civilisations (oben).

lament und die anderen repräsentativen Regierungsbauten auf dem Parliament Hill und um ihn herum sowie der unübersehbare Peace Tower mit seiner riesigen Uhr – »Canada's Big Ben« – muten derart britisch an, dass man sich fast nach London versetzt fühlt. Dabei gibt sich Ottawa alle Mühe, das Bild der zwar properen, aber dennoch schick gestylten, gastfreundlichen Hauptstadt Kanadas zu verkörpern. Besucher kommen gleichermaßen im Regierungsviertel wie auf dem seit 1846 existierenden Byward Market, um den herum sich die Altstadt erstreckt, auf ihre Kosten. Und nicht zuletzt lockt ein Überangebot an grandiosen Museen wie die National Gallery oder das Musée Canadien des Civilisations.

Zusammenhalten, was auseinanderstrebt

Die Anfänge waren bescheiden gewesen: Nachdem zwischen 1826 und 1832 Colonel John By den Rideau Canal – heute eine UNESCO-Weltkulturerbestätte – angelegt hatte, entstand um eines der Bauarbeitercamps herum eine kleine Siedlung, die die Bewohner wenig einfallsreich nach ihrem Chef »Bytown« nannten. Kaum waren die Kanalarbeiten beendet, verwandelte sich »das Nest« zusammen mit dem benachbarten Ort Hull zum Holzzentrum.

Der Rest Kanadas staunte nicht schlecht, als Queen Victoria 1857 ausgerechnet dieses Kaff zur neuen Hauptstadt der Province of Canada ernannte. Natürlich musste ein neuer Name her, und es bot sich an, die neue Hauptstadt nach dem vorbeifließenden Fluss »Ottawa« zu nennen. Im Nachhinein erwies sich die Wahl der britischen Königin als genialer Schachzug: Die Stadt lag nämlich strategisch günstig an der Schnittstelle der beiden Provinzen Ontario und Québec, die das französische und angelsächsische Element Kanadas verkörpern. Auch nach der Gründung des Dominion of Canada, zehn Jahre später, hielt man an Ottawa als Hauptstadt des inzwischen gewaltig gewachsenen Staatengebildes fest, um so die teilweise stark divergierenden Interessen der zehn Provinzen und drei Territorien unter einen Hut zu bringen.

Auf dem Parliament Hill

Hauptattraktion der kanadischen Hauptstadt ist der Parliament Hill. In dessen Zentrum erheben sich die an die Westminster Abbey in London erinnernden Parliament Buildings, und in ihnen tagt seit 1867 das kanadische Parlament. Für Kanada ist der ab 1865 entstandene Baukomplex historisches Monument und architektonische Kostbarkeit, aber auch Symbol für Demokratie und Unabhängigkeit. Das Kernstück der Parlamentsgebäude ist der 92 Meter hohe Peace Tower, der 1927 zu Ehren der im Ersten Weltkrieg gefallenen Soldaten errichtet wurde. Sein Glockenspiel aus 52 Glocken ertönt jeweils zur vollen Stunde. Im östlichen Flügel des Parlaments kann man die Büros zweier wichtiger Politiker besichtigen: Das von Sir John A. Macdonald (1811–1891), dem ersten Premierminister, und das seines Vizes Sir George-Étienne Cartier (1814–1873). Beide hatten maßgeblichen Anteil daran, dass sich aus der jungen Nation eine solide Demokratie entwickelte und der kanadische Westen den Weg in das Dominion fand.

Museen für die Kunst und die Menschen Kanadas

Zu Füßen des Parliament Hill liegt unübersehbar eine Reihe der bedeutendsten kanadischen Museen. Rund 30 sind es insgesamt, und die Wahl fällt schwer: Nicht versäumen sollte man auf alle Fälle die National Gallery of Canada zwischen Ottawa River und Parliament Hill. In dem 1988 von dem israelischen Stararchitekten Moshe Safdie erbauten Glaspalast, der den neogotischen Stil der nahe gelegenen Parlamentsbibliothek zitiert, befindet sich die wohl bedeutendste Kunstsammlung Kanadas. Über 40 000 Zeichnungen, Skulpturen, Gemälde und andere Zimelien geben einen umfassenden Überblick über die Kunst des zweitgrößten Landes der Welt.

Gegenüber der National Gallery, auf der anderen Seite des Ottawa River, schon in der Schwesterstadt Hull (Québec), liegt ein weiteres Museum der Sonderklasse: das Musée Canadien des Civilisations. Gibt die National Gallery einen künstlerischen Überblick, geht es hier um die ethnische Vielfalt des Vielvölkerstaats Kanada und seine historische Entwicklung. Freunde der Fotografie sollten das Canadian Museum of Contemporary Photography besuchen.

Nobelwohnort der Diplomaten

Folgt man dem Sussex Drive, Ottawas Nobelallee, flussabwärts, passiert man den Rideaux River und das moderne Rathaus und erreicht Rockcliffe. In diesem Diplomatenviertel wohnen nicht nur Botschafter aus aller Welt, hier hat auch der kanadische Premierminister seine eher bescheidene Villa. Prunkvoller wohnt der Governor General of Canada, der Stellvertreter der britischen Krone, in der Rideau Hall. Erbaut hatte die Villa 1838 Thomas MacKay, der mit dem Bau des Rideau-Kanals reich geworden war. Seit 1867 dient die prächtige Villa und das Anwesen als Sitz des königlichen Stellvertreters.

WACHWECHSEL WIE IN LONDON

Die täglich stattfindende Changing of the Guard Ceremony, die Wachablösung, ist ein Ereignis, das man gesehen haben muss. Die Truppen marschieren um 9.30 Uhr von der Cartier Square Drill Hall zum Parliament Hill, wo um 10 Uhr der Wachwechsel erfolgt. Danach lohnt eine Erkundung des Parliament Hill, speziell eine »Centre Block Tour«, die die Parlamentsbauten, Senat und House of Commons einschließt. Auf dem Peace Tower gibt es eine Aussichtsplattform und ein Glockenspielkonzert (Sommer Mo–Fr 14 Uhr). Gratis-Tickets für alle Touren sind von Anfang September bis Mai im Visitor Welcome Centre (Zugang unter dem Peace Tower), sonst im Info-Zelt zwischen Centre und West Block erhältlich.

WEITERE INFORMATIONEN

Websites: www.ottawatourism.ca und www.capcan.ca
Vor Ort: NCC InfoCentre, 90 Wellington Street (gegenüber vom Parliament Hill), Stadtmodell, Ausstellungen und Theater
In Deutschland: Destination Quebec, Canadian Tourism Commission, c/o Lange Touristik-Dienst, Eichenheege 1-5, 63477 Maintal, Tel. (01805) 526232

Beschaulichkeit und Natur prägen den Ostteil des Lake Ontario mit den Thousand Islands, wie hier Gananoque (oben) oder das mondäne Kingston Harbour (rechte Seite).

10 Thousand Islands

Insel-Hopping am Lake Ontario

Den Namen Thousand Island kennt jeder zumindest aus Supermarktregalen oder von Speisekarten. Als Salatdressing haben die »Tausend Inseln« Einzug in die Küchen der Welt gehalten. Dass sich dahinter jedoch eine traumhafte Insellandschaft im Ostteil des Lake Ontario, einem der fünf sogenannten Great Lakes oder Großen Seen, verbirgt, ist vielen nicht bekannt.

Dort, wo der Lake Ontario immer enger wird, muss sich der St.-Lorenz-Strom seinen Weg durch die Thousand Islands fast wie durch ein Sieb bahnen, ehe er seinen Weg aus den Great Lakes zum Atlantik ungehindert fortsetzen kann. Genau genommen sollen es 1865 Inseln und Inselchen sein, die sich auf einer Länge von rund 80 Kilometern von Kingston flussabwärts aufreihen. Es gibt dabei Inseln, die über 100 Quadratkilometer groß sind, aber auch Felsbrocken, auf denen gerade einmal eine Cabin (Hütte) Platz hat oder sich ein paar Vögel sonnen. Würden sich nicht immer wieder riesige Ozeanfrachter auf ihrem Weg von den Großen Seen in den Atlantik durch die engen Inselpassagen quälen, wäre das Robinson'sche Naturparadies perfekt.

Sommerfrische der High Society

Immer schon haben sich Menschen hierher zurückgezogen, um sich zu erholen, zu baden, Boot zu fahren oder zu angeln. Seit jeher gilt: Wer etwas auf sich hält und das nötige Kleingeld hat, kauft sich gleich eine eigene Insel und baut sich ein Ferienhaus darauf. In den Jahrzehnten um 1900 tummelten sich hier nicht nur reiche Kanadier, sondern besonders die High Society aus US-Metropolen wie New York, Chicago oder Pittsburgh, die die Inseln als Sommerfrische schätzte. So kann man heute auf einer der beliebten Dampferfahrten nicht nur Insel-Hopping praktizieren, sondern auch die noblen Ferienvillen entlang der Millionaires' Row um Alexandria Bay, schon auf amerikanischer Seite gelegen, bewundern. Unübersehbar sind hier unter den Luxusvillen die berühmten Towers, das sogenannte Singer Castle auf Dark Island oder das an eine Burg im Rheintal erinnernde Boldt Castle auf Heart Island. Hier ließ der deutschstämmige George C. Boldt (1851–1916) aus Liebe zu seiner Frau ein 120-Zimmer-Schloss als Ferienhaus errichten. Als sie 1904 überraschend starb, ließ er die Bauarbeiten einfach stoppen. Boldt, Hotelbesitzer in

New York und Philadelphia, hatte das Rezept eines Salatdressings in die Hände bekommen, das sich bei den Sommerfrischlern großer Beliebtheit erfreute. Dieses eroberte als »Thousand Island Dressing« erst sein Waldorf-Astoria-Hotel, dann die ganze Welt.

Schutz für die »Tausend Inseln«

Geologisch gesehen sind die Thousand Islands ein Ausläufer des kanadischen Schilds, das hier auf den St.-Lorenz-Strom und die sich dahinter auftürmende Bergkette der Appalachen trifft. Die als Frontenac-Arch bekannte geologische Formation wurde nach Louis de Buade, Comte de Frontenac et de Palluau, benannt, der zwischen 1672 und 1682 sowie von 1689 bis 1698 Gouverneur von Neu-Frankreich war. Er ließ eine Reihe befestigter Handelsposten wie Fort Frontenac in Kingston, einem der Ausgangspunkte zu den Thousand Islands, errichten. Damit versuchte er den französischen Anspruch auf die Great Lakes gegenüber Briten und Irokesen zu untermauern.

Auch wenn viele der »Tausend Inseln« privat genutzt werden, war und ist dem kanadischen Staat die Besonderheit der Inselwelt bewusst. So wurde ein Areal von über 20 Inseln bereits 1904 unter Naturschutz gestellt. Dieser St. Lawrence Islands National Park mag zwar der kleinste kanadische Nationalpark sein, ist dafür aber der älteste Kanadas östlich der Rocky Mountains. 2002 erklärte die UNESCO die gesamte Thousand Islands-Frontenac Arch Region zum Biosphären-Reservat. Ein Großteil der Inseln liegt dabei bereits im US-Bundesstaat New York, doch auch dort bemühte man sich, Teile unter Schutz zu stellen – bekanntestes Beispiel ist der Robert Moses State Park. Den besten Überblick über die Inselwelt der Thousand Islands erhält man auf Hill Island. Dort bietet sich vom 140 Meer hohen Skydeck bei schönem Wetter ein atemberaubender Rundblick.

MIT DEM BOOT UNTERWEGS

Zahlreiche Bootsunternehmer bieten Fahrten durch die Inselwelt an. Beispielsweise können bei »1000 Islands Boat Tours« Fahrten unterschiedlicher Länge und Thematik gebucht werden, von einer oder drei Stunden bis hin zur Tagestour auf dem Rideau Canal. Die Boote verkehren normalerweise von Mitte April bis Ende Oktober und starten in Brockville (Infos: www.1000islandscruises.com).

Beinahe noch schöner, vor allem abenteuerlicher, sind die geführten Kajaktouren, die z.B. die »1000 Islands Kayaking Co.« von Gananoque aus anbietet und die auch für Unerfahrene geeignet sind. Man hat die Wahl zwischen dreistündigen, Tages- und Spezialtouren, wobei bei den Tagestouren Lunch inklusive ist (Infos: www.1000islandskayakingco.com).

WEITERE INFORMATIONEN

Websites: www.1000islandscruises.on.ca, www.thousandislands.com

Viele der 1864 Inseln bestehen aus nichts anderem als Felsen, ein oder zwei Bäumen und einem Ferienhaus.

Lange hielt die französische Fortress of Louisbourg dem Druck der Briten stand, ehe diese das Fort 1758 endgültig eroberten.

11 Fortress of Louisbourg

Französischer Stachel im britischen Kolonialreich

Die Insel Cape Breton Island ist für sich und wegen des Cabot Trail, von dem bereits die Rede war, eine Reise wert. Ein besonderes Highlight ist jedoch im Südosten der Insel die Fortress of Louisbourg. Der Militärstützpunkt und die zugehörige Siedlung, heute zum historischen Themenpark umgestaltet, erinnern an Frankreichs Kolonialgeschichte. Das Fort diente lange als wichtigster Seehafen und Militärstützpunkt der Franzosen in Nordamerika. Ab 1719 war die Siedlung der Acadiens befestigt worden und hatte sich dank des eisfreien, geschützten Hafens zur blühenden Gemeinde entwickelt. Kein Wunder, dass die Briten immer wieder versuchten, die Bastion zu stürmen. 1745 wurde das Fort erstmals belagert, 1758 dann eingenommen. Basierend auf archäologischen Forschungen und anderen Quellen baute man ab 1961 die Anlage teilweise wieder als Living History Museum auf. Heute können Besucher koloniale Häuser besuchen und Vorführungen erleben, die die Zeit um 1744 zurückholen.

INFORMATIONEN: www.fortressoflouisbourg.ca

Das Museum Upper Canada Village – eine Zeitreise in das späte 19. Jahrhundert.

12 Upper Canada Village

Zeitreise in die Kinderstube Kanadas

Upper Canada Village ist ein sehenswertes Freiluft-Museum am St.-Lorenz-Strom, kaum eine Autostunde südlich von Ottawa.

Seine Entstehung hat der Museumsort einer Katastrophe zu verdanken: Als 1958 im Zuge des Baus des St. Lawrence Seaway etliche historische Dörfer geflutet worden waren, suchte man die Gemüter zu beruhigen, indem man einige historische Bauten und Relikte der »Lost Villages« umsetzte und 1961 einen Heritage Park eröffnete. Wenn Mitte Mai Queen Victoria's Birthday gefeiert wird, können Besucher auf Zeitreise gehen: Es gibt historische Reden, Militäraufmärsche, sportliche Wettbewerbe und Musik aus dem frühen 19. Jahrhundert. Doch auch sonst wird mittels Architektur, Objekten, Demonstrationen, Ausstellungen und kostümierten Führern das Leben in einer dörflichen Agrargemeinde im britischen Kanada im Jahr 1866 originalgetreu vorgeführt. Mehr als 40 Gebäude aller Art wurden zu neuem Leben erweckt.

INFORMATIONEN:
www.uppercanadavillage.com

13 Lunenburg

Als wäre die Zeit stehen geblieben

Es begann alles mit einer Plakataktion in Europa Mitte des 18. Jahrhunderts: Zahlreiche deutsche und schweizer Protestanten folgten den Versprechungen, zogen nach Nova Scotia und besiedelten 1753 Lunenburg, benannt nach King George II., Duke of Brunschweig-Lunenburg. Die Gemeinde florierte dank Landwirtschaft, Fischerei, Schiffsbau und Seehandel. Über die Jahrhunderte hinweg kaum verändert, wurde 1992 die gesamte Old Town Lunenburg zum National Historic District erklärt und 1995 auf die UNESCO-Weltkulturerbe-Liste gesetzt. Doch Lunenburg ist kein Amüsementpark, sondern eine reale Stadt, ein Musterbeispiel für durchdachte Planung. Zudem sind hier die unterschiedlichsten Baustile vertreten: von viktorianisch über gotisierend bis hin zum Cape-Cod-Stil. Nicht versäumen sollte man zudem das Fisheries Museum of the Atlantic, ein hochinteressantes Museum zur Fischereigeschichte an der Atlantikküste.

INFORMATIONEN:
www.explorelunenburg.ca sowie
www.lunenburgns.com

Lunenburg, ein Hafenstädtchen, in dem die Zeit stehen geblieben zu sein scheint, wurde 1995 zum UNESCO-Weltkulturerbe erklärt.

14 Vorsicht Moose!

Kanada und seine Elche

Ob auf Schildern, als Stofftier oder auf Aufklebern, was wäre Kanada ohne sein Moose? Der Elch – in Nordamerika »moose« (*Alces americanus*) genannt– ist der größte und auffälligste Hirsch der Welt. Ein Moose wird etwa pferdegroß und kann über 500 Kilogramm, manchmal bis zu 800 wiegen. Er ist leicht an seinem riesigen Geweih mit Spannweiten von bis zu 160 Zentimetern zu erkennen. Der 20 bis 25 Jahre alt werdende Elch ernährt sich von Sumpf- und Wasserpflanzen, Gräsern, Moor- und Heidekräutern und hält sich daher oft in der Nähe stehender Gewässer auf. Gerade die Waldregion der Maritimes gewährt den Tieren beste Lebensbedingungen. In manchen Regionen bereits ausgerottet, machte sich in den 1950ern die Nationalparkverwaltung im Cape Breton Highlands National Park erfolgreich daran, die Tiere wieder anzusiedeln. Ihr Bestand ist mittlerweile wieder auf etwa 5000 angestiegen, und dabei gelten die Cape-Breton-Tiere als besonders groß und mächtig.

INFORMATIONEN: www.pc.gc.ca/eng/pn-np/ns/cbreton/index.aspx

Mit einem kapitalen Elch ist nicht zu spaßen.

Das Herz Kanadas erstreckt sich zwischen den Großen Seen, der Hudson Bay und den endlosen Weiten der Prärie. Es wird geprägt von grandiosen Landschaften, den Ureinwohnern und zahlreichen Wildtieren.

Große Seen und Prärie

Toronto erscheint auf den ersten Blick wie eine gewöhnliche amerikanisch-moderne Metropole, doch hinter der Fassade verbirgt sich eine ähnlich pulsierende und ethnisch vielseitige Stadt wie New York.

15 Die Weltmetropole Toronto

Lebenslust und Big Business in der Vielvölkerstadt

CN Tower, Rogers Centre und in der Sonne glitzernde Hochhausfassaden spiegeln sich im tiefblauen Lake Ontario – die Skyline Torontos gehört zu den fotogensten der Welt. Nicht nur, was die Architektur angeht, auch im Hinblick auf Attraktionen, ethnische Stadtviertel, Einkaufsmöglichkeiten, die Musik-, Kultur- und kulinarische Szene hat sich Toronto zum kanadischen Pendant von New York gemausert.

Toronto, die größte kanadische Stadt, ist neben New York die einzige wirkliche Weltmetropole: Hier sind 70 oder sogar 80 verschiedene ethnische Gruppen zu Hause und bilden einen Vielvölkerstaat auf engstem Raum. Heute stammt die Hälfte der rund vier Millionen Einwohner aus Asien, Afrika oder einem europäischen Land. Deshalb darf sich Toronto zu Recht als »Global Village« bezeichnen – als ein dynamisches Patchwork unzähliger Kulturen, die ihr Erbe mit farbenprächtigen Festivals, geschäftigen Märkten und eigenen Stadtvierteln pflegen.

So recht kann man es sich heute angesichts der Skyline in der Innenstadt und den lebendigen Stadtvierteln ringsum gar nicht vorstellen, dass dieses Toronto wenig älter als 200 Jahre ist und einst als britische Enklave in der Neuen Welt gegründet worden war. Zwar hatten Samuel de Champlain und Étienne Brûlé schon 1613 Bekanntschaft mit den lokalen Indianern gemacht, doch erst um 1750 gründeten Franzosen den Handelsposten Fort Rouillé. Auf alten Karten hieß der Ort auch »Fort Toronto«, was sich vom Mohawk-Wort *tkaronto*, »wo Bäume im Wasser stehen«, oder dem Huron-Begriff *toronton* für »Treffpunkt« ableiten soll. Doch bereits 1759 wurde der Posten wieder aufgegeben.

Der Toronto Purchase

Als während des amerikanischen Unabhängigkeitskrieges mehr und mehr Royalisten im kaum erschlossenen Ontario Zuflucht suchten, erwarben 1787 die Briten von den lokalen Mississauga für Waren und etwas Geld im sogenannten Toronto Purchase rund 1000 Quadratkilometer Land. 1793 hob dann der britische Gouverneur John Graves Simcoe (1752–1806) hier am Ufer des Lake Ontario die Ortschaft York als Hauptstadt der neuen Provinz Upper Canada, dem heutigen Ontario, aus der Wiege. Von den Briten und den amerikanischen Nachbarn wurde die neue Hauptstadt gern »Little Town of York«, anspielend auf New York, genannt. Als 1834 der

Der Stadt vorgelagert sind die Toronto Islands, von denen man nicht nur einen schönen Blick auf die Skyline hat. Hier verbringen die Torontonians in den warmen Sommer- und Herbstmonaten auch ihre Freizeit.

Ort zur Stadt erhoben wurde, nutzte man die Gelegenheit, einen neuen Namen anzunehmen: »Toronto«. Doch noch ehe die neue Stadt richtig aufblühen konnte, wütete am 7. April 1849 ein Großbrand. Die Bewohner ließen sich jedoch nicht entmutigen und bauten ihre Stadt, dieses Mal in Stein und Ziegel, rasch wieder auf. Reste der Altstadt haben sich, inzwischen renoviert, um den kulinarisch einmaligen St. Lawrence Market herum erhalten.

Big Business am Lake Ontario

Als dann die Eisenbahnlinie gebaut wurde, setzte ein enormes Wirtschafts- und Siedlungswachstum ein, und um 1900 war die Stadt auf etwa 250 000 Einwohner angewachsen. Der Zustrom an Zuwanderern aus aller Welt hielt an, erst recht, als sich Toronto zur Industriemetropole Kanadas und nach dem Bau des St.-Lorenz-Kanals 1959 zur Hafenstadt entwickelte. Einschneidend war das Jahr 1964: Mit dem Bau des neuen Rathauses begann das Zeitalter des modernen »T.O.« wie die Einheimischen »Toronto, Ontario« gern abkürzen. Ein zweiter wichtiger Faktor waren die Separationsbestrebungen Québecs in den 1970ern, die viele Banken und Unternehmen aus Montréal nach Toronto abwandern und Toronto zum neuen Finanzzentrum Kanadas und zur Weltmetropole aufsteigen ließen. So ist die Stadt heute identisch mit »Big Business«, und jedes zweite Top-Unternehmen Kanadas unterhält hier seinen Hauptsitz. Außerdem sind hier die fünf größten Banken Kanadas ansässig, nicht zuletzt spielen Autoindustrie und Bodenschätze eine große Rolle.

Dem Himmel entgegen

In den letzten Jahren ist die Skyline Torontos in den Himmel gewachsen. War vor nicht allzu langer Zeit das Royal York Hotel mit seinen 25 Stockwerken noch der höchste Bau, prägen heute glänzende Kolosse aus Glas und Stahl mit 70 und mehr Etagen das Bild Downtowns. Mit fast 534 Metern gilt der CN Tower als der gegenwärtig höchste Bau in der Stadt und als eines der höchsten frei stehenden Bauwerke der Welt, zudem zählt er zu den »Sieben Wundern der modernen Welt«. Aus 447 Metern Höhe kann man vom Aussichtsplateau hinabblicken auf das Rogers Centre, besser bekannt als »Skydome«, auf jenes gigantische Sportstadion für 54 000 Zuschauer, dessen Dach beweglich ist und das über ein eigenes Hotel verfügt. Vom Aussichtsdeck fällt der Blick südwärts auf die Toronto Islands, die sich wie eine Kette um den Hafen legen und, großteils unbewohnt, als Naherholungsareal dienen. Eine Bootsfahrt dorthin lohnt sich besonders im Sommer, mit einem Picknickvorrat im Rucksack.

Das Global Village

Toronto ist eine lebenswerte Metropole mit vielen Parks und ethnischen Vierteln, die, in sich abgeschlossen, oft eher an ein Dorf als an eine Großstadt erinnern. Stadtviertel wie die asiatischen, portugiesischen, polnischen und italienischen Enklaven im West End oder Greektown, Chinatown East oder Little India in East Toronto haben sich ihre ethnischen Besonderheiten bewahrt und entführen Besucher innerhalb weniger U-Bahn- oder Straßenbahn-Stationen in eine

komplett andere Welt. Daneben pulsiert in Kensington, entlang der sich durch die gesamte Stadt ziehenden Queen Street, speziell in West Queen West, und an den sogenannten Beaches im Osten direkt am Lake Ontario das alternative Leben mit zahlreichen Szenekneipen und ausgefallenen Läden.
Es gibt vieles, was die Einwohner Torontos, ganz gleich welcher Herkunft, stolz macht: die einzigartige kulturelle Szene mit Museen wie dem altehrwürdigen, riesigen Royal Ontario Museum, unlängst spektakulär erweitert von dem international renommierten Architekten Daniel Libeskind, oder der Art Gallery of Ontario, bei dem gerade Frank Gehry für architektonisches Aufsehen sorgte und das die weltweit größte Sammlung von Henry-Moore-Skulpturen birgt.
Es gibt ein erstklassiges Symphonieorchester, das Opernhaus, das weltbekannte Ballett und eine renommierte Modeszene.

Das Eishockey-Mekka

Und dann die Maple Leafs. Seit der Gründung der nordamerikanischen Profiliga NHL 1917 mischen die »Blauen«, wegen ihrer Trikots so genannt, immer wieder oben mit, auch wenn es seit 1967 und dem damals 13. Sieg nicht mehr zum Titel gereicht hat. Anders als in Montréal, wo man auf noch mehr Stanley-Cup-Gewinne verweisen kann, verbindet die »Leafs Nation« ihre Leidensfähigkeit. Denn obwohl gegenwärtig der Erfolg ausbleibt, ist das hochmoderne Air Canada Centre bei jedem Heimspiel bis auf den letzten der 18 819 Plätze ausverkauft. Dass Eishockey in Toronto eine Passion ist, belegt auch ein ungewöhnliches Museum, eine Pilgerstätte für Fans weltweit: die Hockey Hall of Fame, eine riesige Ruhmeshalle für den Eishockeysport, in der auch der Stanley Cup aufbewahrt wird und deren Shop sie zum Muss für Hockeyfans macht.

GIGANT MIT MEGA-SERVICE

Das größte Plus des Delta Chelsea Hotel, Business-, Familien- und Urlauberhotel in einem mit 1590 Zimmern, ist seine Lage mitten im Zentrum. Dank des engagierten, aus Österreich stammenden Direktors Josef Ebner erhielt es bereits zahlreiche Auszeichnungen. Familienprogramm und Kinderbetreuung, Fitnessstudio und Wasservergnügungspark gehören ebenso zum Komplex wie sechs Restaurants. Die Zimmer sind geräumig und modern ausgestattet und bieten von den oberen Etagen einen traumhaften Ausblick auf die Stadt.
Delta Chelsea Hotel, 33 Gerrard St. W (auch bei deutschen Reiseveranstaltern), Tel. 416-595-1975, www.deltahotels.com

WEITERE INFORMATIONEN

Ontario Tourism, c/o Lieb Management & Beteiligungs GmbH, Hauptstr. 19 a, 83135 Schechen, Tel. (089) 689063837
Websites: http://de.ontariotravel.net oder www.seetorontonow.com/de.aspx

Die Skyline Torontos mit dem unübersehbaren CN Tower und dem Rogers Centre, der einst als »Skydome« bekannt gewordenen Sportarena, gehört zu den fotogensten Stadtansichten Nordamerikas.

Das kleine Städtchen Niagara-on-the-Lake inmitten eines bekannten Weinanbaugebiets lockt einerseits mit hübschen Läden und Cafés entlang der Main Street (oben), andererseits mit seiner Lage nahe den Niagara Falls (rechte Seite).

16 Die Niagarafälle und Niagara-on-the-Lake

Edle Tropfen aus dem Land der glänzenden Wasserfälle

Wein aus Kanada? Erstaunt stellen Weinliebhaber aus aller Welt oft fest, dass Kanada nicht nur mit Eis und Schnee zu verbinden ist, sondern dass der Süden Ontarios auf der gleichen Breite wie die Provence oder die Toskana liegt und hier Trauben gedeihen. Weine aus der Niagara-Region werden immer bekannter, können allerdings mengenmäßig nicht mit den gewaltigen Wassermassen der nahe gelegenen Niagarafälle konkurrieren.

Land der glänzenden Wasser«, nannten die Indianer die Region nördlich der Großen Seen wegen ihrer angeblich 500 000 Seen und den atemberaubenden Niagarafällen, die heute die Provinz Ontario ausmacht. Die Niagarafälle, an der Grenze zwischen Ontario und dem US-Bundesstaat New York gelegen, zählen zu den größten Naturwundern der Welt, die am spektakulärsten an Bord der »Maid of the Mist« oder bequemer vom Skylon Tower im zugehörigen Ort Niagara Falls besichtigt werden können. Genau genommen handelt es sich um zwei Wasserfälle: die etwa 640 Meter breiten Horseshoe Falls in Kanada und die »nur« 330 Meter messenden American Falls. Genau in der Mitte liegt Goat Island, die auf amerikanischem Gebiet befindliche Ziegeninsel. Pro Minute ergießen sich rund 150 Millionen Liter Wasser aus dem Erie-See über die Felswände etwa 40 Meter tief hinab, um schäumend weiter zum Ontario-See, dem fünften und östlichsten der Great Lakes, zu fließen.

Das Land der glänzenden Wasser

Auch wenn man angesichts der Wassermassen und der die Fälle umwehenden Gischt noch heute staunend vor diesem Naturwunder steht, haben Wasserkraftwerke und der Saint Lawrence Seaway die Niagarafälle längst gebändigt. Der Kanal verbindet seit 1959 über eine Strecke von etwa 3700 Kilometern die fünf Großen Seen mit dem Atlantik. Er ließ damit entlang der Seeufer einige der größten Häfen weltweit entstehen, an denen die »Giganten der Meere« ihre Handelsgüter löschen oder aufnehmen. Fast 184 Meter Höhenunterschied sind vom Oberen See, dem Lake Superior, bis zum Meer am Gulf of St. Law-

Niagara Falls hat zwei Gesichter: Einmal ist da die an Las Vegas erinnernde Entertainment-Zone (oben), andererseits das unvergleichliche Naturschauspiel der tosenden Wasserfälle (rechte Seite).

rence zu überwinden. Unzählige Dämme und Wassertreppen sorgen dafür, dass selbst großformatige Ozeanriesen den Weg mühelos bewältigen. Dennoch zählen die Großen Seen zu den unberechenbarsten Gewässern der Erde, sie frieren stellen- und zeitweise zu, und 350 Wracks sollen allein auf dem Grund des Lake Superior liegen. Dieser größte Frischwasser-See der Welt ist bis zu 400 Meter tief und gefürchtet wegen seiner bis zu zehn Meter hohen Sturmwellen.

Frostvollendet im Glas

Die Weinfachwelt staunte bei der Vinexpo 1991 in Bordeaux nicht schlecht, als ein Eiswein aus Kanada – der 1989er Icewine der Kellerei Inniskillin aus Niagara-on-the-Lake – die Goldmedaille holte. Sinkt das Thermometer dauerhaft unter minus 8, besser minus 10 Grad, dann ist die Zeit gekommen, die gefrorenen Trauben zu lesen und zu keltern. 1975 hatten die Pioniere des kanadischen Weinanbaus, der Deutsche Karl Kaiser und der Kanadier Donald Ziraldo, Inniskillin gegründet, und 1989 haben sie auch für Kanada ein Gütesiegel – VQA, Vintners Quality Alliance – durchgesetzt. Seither blüht auf der sogenannten Niagara Peninsula die Weinindustrie. Speziell entlang dem südwestlichen Ufer des Lake Ontario, zwischen Toronto und der Mündung des Niagara River, machte man sich mit erstklassigen Eisweinen und Riesling einen Namen. Mittlerweile hat sich die Region nach dem Okanagan Valley im westlichen British Columbia sogar zum zweitgrößten Anbaugebiet Kanadas entwickelt.

Eine »goldene« Lage

Denkt man an die sonst so strengen kanadischen Winter, zeichnet das Weinland am Niagara River die geschützte geografische Lage aus. Dort herrschen fast ähnliche klimatische Verhältnisse wie in Burgund oder an der Loire. Die Niagarafälle liefern den Grund für diese besondere Situation: Die Wassermassen stürzen über das sogenannte Niagara Escarpment in die Tiefe. Diese Schichtstufe beschreibt einen großen Bogen um die Großen Seen und sorgt dafür, dass der nördliche Teil der Niagara Peninsula bis zu 50 Meter tiefer, und damit geschützter, liegt.
Zwischen Schichtstufe und Seeufer kommt ein ganz spezifisches Klima zustande, das zwar kalte Winter kennt, wo es jedoch kaum zu Bodenfrösten kommt. Die Sommertemperaturen übersteigen sogar jene in Bordeaux, in Burgund, der Champagne oder im Languedoc, was angesichts der kühlen Winde vom Lake Ontario her jedoch kaum auffällt. Insgesamt sind ideale Bedingungen für den Weinanbau gegeben, und den Weinen aus der Niagara-Region darf eine große Zukunft prophezeit werden.

Weinprobe im »Napa of the North«

Schon jetzt kann man auf der Fahrt durch das Weinland der Niagara Peninsula die zahlreichen meist kleinen Familienbetriebe besuchen. Fast 50 Weingüter liegen an der Niagara-Peninsula-Weinroute (großteils Hwy. 81/87), schwerpunktmäßig zwischen Niagara-on-the-Lake, Port Dalhousie, Jordan und Winona. Viele betreiben kleine Läden und Probierstuben und/oder bieten Tou-

ren an, dazwischen laden kleine Bed&Breakfasts und Restaurants zum Verweilen ein. Besonders zwischen Mai und Oktober ist die Weinroute gut befahren, denn viele Städter – Toronto ist nicht einmal zwei Autostunden entfernt – nutzen das Wochenende zu einem Ausflug in das »Napa of the North«, wie man die boomende Weinregion auch nennt. Hinzu kommt, dass jeder, der zu den Niagarafällen fährt, fast automatisch das Weinland passiert. Eiswein ist längst nicht mehr das einzige, wenn auch das teuerste Aushängeschild der Region: Seit die strengen staatlichen Auflagen in den 1970ern gelockert wurden, stehen verschiedene Rebsorten aus Europa und aller Welt auf den Rebflächen. Besonders Riesling kommt mit den kalten Wintern und Frühjahren gut zurecht, aber auch Pinot Noir und Chardonnay entwickeln sich zunehmend besser. Unter den Winzern befinden sich übrigens zahlreiche Deutsche: Kaiser machte den Anfang, Leute wie Klaus W. Reif oder Jens Gemmrich, der mit Frogpond Farm die bislang einzige biologische Kellerei eröffnet hat, traten in seine Fußstapfen.

Bummeln in Niagara-on-the-Lake

Beliebtes Standquartier sowohl für den Besuch der Niagarafälle als auch für eine Winery-Tour ist das malerische Städtchen Niagara-on-the-Lake. Direkt an der Mündung des Niagara River in den Lake Ontario gelegen, ringsum umgeben von Rebflächen, hat das kleine Städtchen ein besonderes Flair zu bieten. Hübsche Läden und Cafés reihen sich entlang der Main Street aneinander, und englische Atmosphäre ist vom Baustil über Five o'Clock Tea und britisch angehauchte Grand Hotels bis hin zu Läden mit englischen Accessoires spürbar. Kein Wunder, entstand doch die Stadt Ende des 18. Jahrhunderts als erste Hauptstadt Upper Canadas.

SERVICE WIE IM PRIVATCLUB: DAS SHAW CLUB HOTEL

Nach aufregender Fahrt mit der »Maid of the Mist« (www.maidofthemist.com) zu Füßen der Wasserfälle ist es angenehm, am Abend in eine Luxusherberge wie das Shaw Club Hotel nach Niagara-on-the-Lake zurückzukehren. Äußerlich unscheinbar, ist innen alles sehr dezent und gediegen, und man fühlt sich eher als Gast in einem Privatclub mit individueller Betreuung als in einem Hotel. Die Zimmer sind hochmodern, fast minimalistisch eingerichtet, der Luxus liegt im Detail, so bei den Betten, den Flat-TV-Bildschirmen, iPod-Stations und CD/DVD-Playern. Das zugehörige Restaurant Zees zählt zu den angesagtesten Lokalen im Umkreis, und das Spa bietet Erholung pur.

Shaw Club Hotel, 92 Picton St., Niagara-on-the-Lake/ON, Tel. 905-468-5711, www.shawclub.com

WEITERE INFORMATIONEN

Websites: www.niagaraonthelake.com, www.niagaraparks.com, www.niagarafallstourism.com, www.wineroute.com

Genau genommen handelt es sich bei den Niagara Falls um zwei Wasserfälle: die etwa 640 Meter breiten Horseshoe Falls in Kanada (im Bild) und die »nur« 330 Meter messenden American Falls.

Das größte Naturschutzgebiet im ansonsten dicht besiedelten Südosten der Provinz Ontario ist der Algonquin Provincial Park, den ausgedehnte Wälder und klare Seen prägen. Er gilt als Paradies für Kajak- und Kanufahrer.

17 Algonquin Provincial Park

Die Wildnis ruft

Dichte Wälder und Wildtiere, klare Seen und Bäche – der Algonquin Provincial Park ist das größte Naturschutzgebiet im ansonsten dicht besiedelten Südosten der Provinz Ontario. Hier kann man noch, in nächster Nähe zur Zivilisation, fast unberührte Wildnis erleben. Gut erreichbar von Süden her, lassen sich viele Areale von der einzigen Durchgangsstraße aus auf Wanderwegen erkunden, das Zentrum des Parks ist nur mit dem Kanu erreichbar.

Ontario hat zwei Gesichter: hier geschäftige Städte und landwirtschaftlich geprägte Regionen, dort ausgedehnte, fast unberührte riesige Naturareale. Allein 270 Provinz- und sechs Nationalparks sorgen dafür, dass in weiten Teilen die Natur auch in Zukunft die erste Geige spielen wird. Je weiter man vom dicht besiedelten Süden nordwärts fährt, umso mehr übernimmt sie das Kommando.

Hier ist weder die Eisenbahn noch das Auto von großer Bedeutung, wichtigste Transportmittel neben Kanus sind die Twin Otters, kleine Propellerflugzeuge. Die wenigen vorhandenen Straßen fungieren als Lebensadern mit Verpflegungsstationen, die wiederum als Informations- und Nachrichtenquellen dienen. In dieser endlosen Seen- und Waldlandschaft des hohen Nordens versteht man, was mit »Real Great Outdoors« – der wahren Wildnis – wirklich gemeint ist.

Ein Hauch der »Real Great Outdoors«

Nicht jeder Besucher hat Zeit, tagelang in die Wildnis einzutauchen. Dafür gibt es im Zentrum Ontarios das Naturjuwel des Algonquin Provincial Park, der zumindest einen Vorgeschmack auf die »Real Great Outdoors« gibt. Auf dem gut 7600 Quadratkilometer großen Areal wurde zwischen der Georgian Bay im Westen und dem Ottawa River im Osten schon 1893 ein Naturpark eingerichtet; 1992 folgte seine Ausweisung als »National Historic Site«.

Interessanterweise wurde der Park nicht in erster Linie als Schutzareal eingerichtet. Man wollte hier vielmehr exemplarisch aufzeigen, wie ein wertvolles Wald- und Seengebiet geschützt und dennoch vom Menschen genutzt und nachhaltig bewirtschaftet werden kann. Vor über 100 Jahren war dies noch ein ungewöhnliches Vorhaben, heute ist es Teil des Naturschutzgedankens. Im Algon-

quin-Park ist Holzwirtschaft streng reglementiert und nur in den Randgebieten erlaubt. Allerdings muss für jeden geschlagenen Baum ein neuer gepflanzt werden.
Benannt wurde der Park nach den Algonkin-Indianern, deren unterschiedliche Stämme einst in der endlosen Wald- und Seenlandschaft um das Tal des Ottawa River zu Hause waren. Heute leben noch etwa 8000 Ureinwohner zehn verschiedener Völker in Kanada, neun in Québec und eines in Ontario, nahe Golden Lake, südöstlich des Naturparks.

Bäume und viel Wasser

Dank seiner nördlichen Lage prägen nicht nur Laub-, sondern auch Nadelwälder den Park. Es gibt Sümpfe und hochragende Felswände, doch ist das alles bestimmende Element das Wasser. Über 2400 Seen will man gezählt haben, dazu kommen etwa 1200 Kilometer an Flüssen und Bächen – kein Wunder, dass das Kanu hier das wichtigste Fortbewegungsmittel ist! An Besuchern herrscht in den Sommermonaten kein Mangel, schließlich liegen Großstädte wie Toronto, Ottawa oder Montréal nur wenige Autostunden entfernt.

Rund eine Dreiviertelmillion Besucher sollen es jährlich sein. Sie mischen sich mit ihren Kanus und Zelten dann unter eine nicht eben kleine Wildtierpopulation von Elchen, Schwarzbären, Wölfen und Bibern.

Fotoshooting und Paddeln

Auf etwa 60 Kilometern Länge durchquert der Highway 60 in Ost-West-Richtung den Südteil des Naturparks. Hier liegen die Versorgungseinrichtungen und Ausgangspunkte für Trails bis hinein in die Wildnis. An diesem Highway befinden sich zudem große Campingplätze, ein Besucherzentrum und ein interessantes Holzfällermuseum: das Algonquin Logging Museum nahe dem Ostzugang.
Doch im Mittelpunkt steht nicht Kultur, sondern Natur. Es bieten sich unzählige Gelegenheiten, Fotos zu schießen oder Wildtiere zu beobachten. Wanderer finden ein großes Wegenetz vor, Angler einsame Seen. Ein Highlight dürfte jedoch eine Kanutour durch die Wildnis sein: Rund 1600 Kilometer an ausgewiesenen Kanurouten mit rund 1500 Lagerplätzen laden dazu ein, die Wald- und Seenlandschaft des Naturparks zu erkunden.

PADDLING ONTARIO

Zu den erinnerungswürdigsten Erlebnissen im Algonquin Provincial Park gehört ein Kanutrip. Verschiedene Firmen bieten Touren unterschiedlicher Länge und Schwierigkeit durch die Seen-, Fluss- und Waldlandschaft im Norden Ontarios an. Von ruhigen Tages-Paddelausflügen über aufregende Wildwassertrips bis hin zu mehrtägigen Abenteuertouren in die Wildnis ist alles geboten. Eine schöne Tour ist beispielsweise der viertägige »Algonquin Park Wolf Howl Canoe« mit Übernachtung in Cabins (Hütten) bzw. Zelten (Infos: www.PaddlingOntario.com, Tel. 705-386-1595).

WEITERE INFORMATIONEN

Algonquin Park Information Office, Whitney, Tel. 705-633-5572, dort auch Park-Ostzugang am Hwy. 60, ein weiterer Zugang im Westen bei Dwight, außerdem Stichstraßen im Norden ab Hwy. 17 (Trans-Canada Hwy.) und vom Hwy. 11 im Westen.
Websites: www.algonquinpark.on.ca und www.ontarioparks.com

18 Sainte-Marie among the Hurons

Das Scheitern eines wegweisenden Experiments

Eine Handvoll Jesuiten startete im 17. Jahrhundert mitten in »Huronia«, der Heimat der einst mächtigen Huronen-Konföderation, ein wegweisendes Experiment. Zusammen mit den Indianern wollten sie eine Gemeinde aufbauen, die als Exempel für friedliches Zusammenleben verschiedener Völker in der Wildnis dienen sollte. Leider hatte diese Utopie nur kurz Bestand, die Irokesen setzten ihr ein gewaltsames Ende ...

Das Experiment der Jesuiten, eine friedliche Koexistenz zwischen Indianern und Siedlern zu schaffen, scheiterte. Besucher können heute mehr über diese Utopie und ihre Beteiligten in einem Freiluftmuseum erfahren.

Im späten 16. Jahrhundert starteten die 1540 von Ignatius von Loyola gegründeten Jesuiten in Südamerika ein Experiment: Sie gründeten sogenannte Reduktionen – vereinfachend Jesuitenstaat genannt. Die Jesuiten bezweckten damit, dass sich die Indianer freiwillig in ihren neu gegründeten Dörfern ansiedelten, um sie so bekehren und gewaltlos und mit viel Pragmatismus zum Leben in städtischer und christlicher Gemeinschaft erziehen zu können.
Im 17. Jahrhundert versuchten die Kirchenmänner dann eine solche Gemeinde mitten im Land der Huronen-Indianer in Kanada zu etablieren. Unter Father Jean de Brébeuf zogen sie erstmals 1626 zu den Huronen, die sich selbst »Wendat« oder »Ouendat« nannten und zwischen Lake Ontario und Georgian Bay lebten. 1638/39 begann Father Jérôme Lelemant mit einer Handvoll Jesuiten und einigen frankokanadischen Gehilfen die Mission Sainte-Marie zu bauen. Er hatte einen Platz am Wye River gewählt, nahe einer Bucht an der Georgian Bay, heute in Nachbarschaft der Hafenstadt Midway.

Bollwerk des Friedens

»Sainte-Marie-au-pays-des-Hurons«, wie die Franzosen die Mission nannten, war nicht nur die westlichste Missionsstation der Jesuiten in Kanada, der Ort galt auch als die größte europäische Siedlung auf dem nordamerikanischen Kontinent nördlich von New Orleans. Der Platz sollte zu einem Sammelpunkt der Huronen werden, die zum katholischen Glauben konvertierten. Sie wurden in europäischen Handwerkskünsten unterrichtet, während die Jesuiten von den Indianern zum Beispiel den Anbau typischer Pflanzen wie Mais oder Tabak lernten.
Doch die Feinde der Huronen, die Irokesen, stellten eine konstante Bedrohung für den Ort dar. Deshalb entsandte die

Kolonialverwaltung aus Québec schließlich einige Soldaten zum Schutz der Siedlung. Doch selbst innerhalb der Huronen kam es zu Streitigkeiten. Während ein Teil der aus verschiedenen Stämmen zusammengesetzten Konföderation die Vorteile des Zusammenlebens mit den Jesuiten und Franzosen erkannte, wollten andere die eigenartigen Fremden lieber schleunigst wieder loswerden.

Ende mit Schrecken

In dem Kampf zwischen Huronen und Irokesen wurden schließlich auch die Jesuiten und ihr Traum von einer friedlichen Siedlung aufgerieben. Acht der Jesuiten, darunter de Brébeuf, wurden von Irokesen getötet. Schließlich gaben die Überlebenden, auch angesichts der sich zunehmend auflösenden Huronen-Konföderation, ihre Siedlung auf.

1940 erwarben die Jesuiten das Land, auf dem einst die Mission stand. 1941 begannen Ausgrabungen, und anschließend wurde die Siedlung als sehenswertes Living History Museum in den 1960ern wieder aufgebaut. Heute sind das Freigelände, ein Museum und der benachbarte Martyr's Shrine, in dem die getöteten Jesuiten ihre letzte Ruhe fanden, nachdem sie 1930 heiliggesprochen worden waren, Hauptattraktionen in Huronia. Das nahe Huron-Ouendat Village mit dem Huronia Museum informiert ebenfalls über die Indianer der Region. Ein kurzer Stopp ist auch hier lohnenswert.

Romantische Georgian Bay

Die Region nördlich des Großraums Toronto, um die Südostspitze der Georgian Bay mit dem Hauptort Midway herum, ist eine idyllische Naturlandschaft. Kein Wunder, dass viele Bewohner Torontos hier im »Cottage Country« Ferienhäuser unterhalten. Immerhin wurde ein Teil davon als Georgian Bay Islands National Park unter Schutz gestellt.

Zur größten der 59 Inseln und Inselchen, nach Beausoleil Island, fährt im Sommer regelmäßig ein kleines Fährboot. Von Midland und dem benachbarten Hafenstädtchen Penetanguishene aus bringen außerdem saisonal Ausflugsboote Besucher in die faszinierende Insel- und Küstenlandschaft um die Georgian Bay. In Penetanguishene erinnert das Open-Air-Museum Discovery Harbour an den hier 1812 entstandenen kleinen Hafen und Militärstützpunkt.

SPAZIERGANG DURCHS MARSCHLAND

Das Wye Marsh Wildlife Centre in Midland (www.wyemarsh.com) umfasst Marschland, Seen und Teiche, aber auch Waldareale. Vom Visitor Centre (mit Ausstellung, Video sowie kleinem Shop) aus starten unterschiedlich lange und gut ausgeschilderte Trails, teils Boardwalks, mit Infotafeln. Es stehen Kanutouren mit Parkrangern auf dem Programm und im Winter Snowshoe Ecotours sowie Hundeschlittenfahrten. Der Park gilt als Paradies zur Vogelbeobachtung. Aushängeschild ist der Trompeterschwan, der hier erfolgreich wiederangesiedelt werden konnte. Auch Säugetiere wie Biber, Stachelschweine oder Fischotter sowie Schildkröten und Schlangen können beobachtet werden.

WEITERE INFORMATIONEN

Websites: www.saintemarieamongthehurons.on.ca oder www.hhp.on.ca, www.huroniamuseum.com, www.martyrs-shrine.com, www.parkscanada.ca/georgianbay, www.georgianbaycruises.com

Volle Fahrt auf Manitoulin Island: Im Sommer suchen zahlreiche Besucher Ruhe und Erholung auf der für die Ojibwa-Indianer heiligen Insel, die sich einst der »Große Manitou« als Wohnort auserkoren hatte.

19 Manitoulin Island

Zu Besuch auf der »Insel des Großen Geistes«

Mitten im Lake Huron erstreckt sich die größte Insel der Welt: Manitoulin Island. Sie trennt die Georgian Bay vom See ab. Für die hier lebenden Ojibwa-Indianer ist die Insel ein heiliger Ort, denn Manitou, »der Große Geist«, hatte sie einst zu seinem Wohnsitz auserkoren. Eine kluge Wahl, wie man spätestens bei einem Besuch auf Manitoulin Island feststellen wird.

Endlose Sandstrände, dichte Wälder, weiße Kalksteinfelsen, über hundert tiefblaue Inlandseen – die etwa 2700 Quadratkilometer große »Insel des Großen Geistes« ist ein idyllischer Flecken Erde. Karl-May-Fans werden begeistert sein, entspricht doch die Insel ganz dem Idealbild von Indianerland, wie man es aus Winnetou-Filmen der 1960er-Jahre kennt. Auch der Name Manitou hat dank Karl May einen besonderen Klang, und dabei kommt er weder aus der Apachen- noch aus der Sioux-Sprache, sondern bedeutet in der Ojibwa-Sprache »Großer Geist«. Auf Manitoulin Island leben noch heute viele Indianer: Mehr als ein Viertel der rund 12 500 Bewohner gehört den Ojibwa, Odawa oder Potawatomi an. Die drei Völker werden wiederum zu den Anishinaabe oder Anishinaabeg gezählt, einer Sprachgruppe, deren verschiedene Stämme um die Großen Seen zu Hause waren. Noch heute gehören sie mit etwa 300 000 Mitgliedern zu den größten indianischen Gruppen Nordamerikas.

Wo die Uhren langsamer gehen

Es liegt sicher auch an den Indianern, dass auf Manitoulin Island die Uhren langsamer zu laufen scheinen. Hier locken zahlreiche Trails zu kristallklaren Seen und zu schier endlosen Sandstränden – statt riesiger Hotelkomplexe und Besuchereinrichtungen. Dafür werden Langlauf, Eisfischen, Snowmobiling, Eislaufen und Curling im Winter und im Sommer Radfahren, Wandern und Naturbeobachtung, Fischen und Kulturevents großgeschrieben. Gleich sieben Museen gibt es außerdem auf der Insel, zwar nicht sehr groß, aber jedes für sich ebenso informativ wie einzigartig.
Neben den beiden Städten Northeastern Manitoulin and the Islands und Gore Bay und acht Gemeinden gibt es sechs Indianerreservate: Das bekannteste Reservat ist Wikwemikong, das einzige nie offiziell von der Regierung in Kanada als solches anerkannt. Das stört die Indianer selbst wenig, sie verkaufen hier ihr Kunsthandwerk und betreiben ein Forschungsprojekt über die Geschichte,

Bräuche und Sprache der lokalen Indianer. Berühmteste Persönlichkeit aus »Wiky«, wie die Indianer ihre Heimat nennen, ist die Country-Sängerin Crystal Shawanda, die heute zwar in Nashville für Furore sorgt, aber immer wieder nach Hause zurückkehrt.

Beliebte Sommerfrische

Das indianische Erbe ist eine Seite der Insel, Naturschönheit und Landschaftserlebnis eine andere. Die große Süßwasser-Insel im Lake Huron ist von zwei Seiten aus erreichbar: von Norden über eine einspurige Hängebrücke in Little Current, von Süden in den Sommermonaten mit der Chi-Cheemaun-Fähre. Sie benötigt für die knapp 100 Kilometer zwischen Tobermory an der Spitze der Bruce Peninsula, nur wenige Autostunden von Toronto entfernt, nach South Baymouth auf Manitoulin Island fast zwei Stunden. Im Sommer steigt die Einwohnerzahl leicht auf über 20 000 an, da viele Städter aus dem Süden die Insel als Sommerfrische schätzen. Und wenn erst die Blaubeeren und vor allem die Hawberries reif sind, dann reißt der Zustrom kaum mehr ab. Die als Markenzeichen der Insel geltenden roten Beeren einer Weißdornart (*Crataegus ambigua*) stehen auch an einem Wochenende im August während des Haweater Festivals mit Umzügen, Feuerwerk, Vorführungen, Kunsthandwerksständen, Wettbewerben und natürlich Kostproben im Mittelpunkt. Solche Feste und die viel besuchten Powwows, indianische Tanzfeste, legen Zeugnis davon ab, dass auf Manitoulin Island heute die Bräuche und Sitten der Ureinwohner mit dem europäischen Erbe verschmelzen. Zu den auffälligsten Attraktionen gehört das Mississagi Lighthouse am Westende der Insel in Meldrum Bay. Neben dem 1873 erbauten Leuchtturm gibt es ein interessantes Museum zur Seefahrt auf den Great Lakes, einen Heritage Park mit historischen Bauten und ein Restaurant zu besuchen.

AUF DEM PFERDERÜCKEN DIE INSEL ERKUNDEN

Die Kicking Mule Ranch in Tehkummah bietet Ausritte in die Wälder in die Nähe der Ranch zwischen einer und drei Stunden Dauer an, außerdem »Breakfast Rides«. Der Besitzer Willie Graham veranstaltet im Sommer fünfmal täglich solche Trail-Rides, zudem gibt es Wagon Rides, also Kutschfahrten, die ideal für Familien sind. Die Ranch bietet darüber hinaus preiswerte Übernachtungsmöglichkeiten: im Bunk House für vier Personen oder im Tipi. Außerdem gibt es Camping Packages mit Ausritten und Mahlzeiten (Infos: www.manitoulin-island.com/kmr, Tel. 705-859-1234).

WEITERE INFORMATIONEN

Websites: www.manitoulin-island.com, www.manitoulin.ca, www.manitoulintourism.com

Anfahrt: Mai–Okt. per Chi-Cheemaun Ferry zwischen Tobermory und South Baymouth (Tel. 1-800-265-3163) aus Richtung Süden bzw. auf dem Hwy. 6 von Espanola aus Richtung Norden.

Der Lake Superior ist der größte Frischwasser-See der Welt und bis zu 400 Meter tief. Er wird gefürchtet wegen seiner bis zu 10 Meter hohen Sturmwellen, rund 350 Wracks sollen hier bereits auf Grund liegen.

20 Winnipeg – »One Great City«

Winnipeg, die Hauptstadt der kanadischen Provinz Manitoba, entwickelte sich von einem Handelsposten zu einem Eisenbahnknotenpunkt und schließlich zu einer modernen Metropole mitten in der Weite des kanadischen Westens.

»Friendly Manitoba« und seine Hauptstadt

»Freundliches Manitoba« – das ist keine bloße Floskel der Tourismusbehörde der Prärieprovinz Manitoba, die sich westlich an Ontario anschließt. Bei nur gut über einer Million Menschen auf einer Fläche von rund 650 000 Quadratkilometern, wobei mehr als die Hälfte in der sehenswerten Hauptstadt Winnipeg und deren Umgebung lebt, wundert es nicht, dass sich ihre Einwohner noch herzlich über jeden Besucher freuen.

Wenn die Distanz zu den nächsten größeren Städten Hunderte, gar Tausende von Kilometern beträgt – nach Edmonton sind es 1300 und nach Toronto fast 2000 –, kann man sich leicht »One Great City« nennen. Immerhin spielte Winnipeg, die Hauptstadt der Provinz Manitoba, mit ihren über 700 000 Einwohnern bei der Besiedlung des kanadischen Westens eine maßgebliche Rolle.

»The Forks«, die Gabelung, an der Red und Assiniboine River zusammenfließen, ist heute ein Vielzweckpark und die »gute Stube« der Stadt. Ursprünglich handelte es sich jedoch um einen wichtigen Handelspunkt der lokalen Indianerstämme. Zu ihnen gesellten sich frankokanadische Pelzhändler, die Voyageurs, und Trapper der North West Company (NWC). Später folgten englische und schottische Siedler. Um die Versorgung der zunehmenden Siedlerschar zu gewährleisten, errichtete die NWC zu Beginn des 19. Jahrhunderts an der Flussgabelung ein Fort, das später zum Eisenbahnknotenpunkt umfunktioniert wurde.

Als ab der zweiten Hälfte des 19. Jahrhunderts die Stahlrösser Winnipeg sich mit dem Rest des Landes, sprich dem Osten Kanadas und den USA, verbanden, blühte die Stadt auf. Winnipeg, deren Name sich vom Wort für »schlammiges Wasser« aus der Cree-Indianer-Sprache ableitet, entwickelte sich zum Handelszentrum, Verkehrsknotenpunkt und größten Getreidezentrum Nordamerikas – und avancierte zur »Gem of the Prairies«, zur Perle der Prärie.

Die Perle der Prärie

Zugegeben, Winnipeg gilt als eine der kältesten Städte der Welt und ist berühmt-berüchtigt für seine langen Winter mit Temperaturen von bis zu minus 25 Grad Celsius in Verbindung mit eisigem Nordwind. Die Einheimi-

Das Hotel Fort Garry (oben), erinnert ebenso an die Vergangenheit Winnipegs wie der Güterbahnhof (unten) oder »The Forks« (rechte Seite): Ein alter Bahnhof wurde in einen attraktiven Multipurpose-Komplex umfunktioniert. Rechte Seite oben: Blick auf das Manitoba Museum of Man and Nature.

schen nehmen das gelassen hin, kleiden sich entsprechend, nutzen die Steckdosen an Parkplätzen, um Batterien zu laden, und ziehen sich in das abgeschlossene, ober- und unterirdische Wegenetz in der Innenstadt zurück, das Bürohäuser, Läden und Hotels miteinander verbindet.

Auch die ethnische Zusammensetzung sorgt für den speziellen Reiz dieser Stadt zwischen dem endlosen Wald- und Seenland im Osten und der Weite der Prärie im Westen. Winnipeg gilt als einer der wenigen Orte Kanadas außerhalb von Québec, in dem die Zweisprachigkeit auch real praktiziert wird. So lautet das selbstbewusste offizielle Motto von Winnipeg: »Take pride – sois fière Winnipeg!«

Sois fière Winnipeg!

Französisches Erbe lebt am östlichen Ufer des Red River, gegenüber The Forks, im Stadtteil St. Boniface, fort. Von einer Kathedralen-Ruine dominiert, fühlt man sich hier nach Québec oder gar Frankreich versetzt: Sprache, Straßenschilder, Namen, Schulen, Feste und Vereine, alles ist frankofon. Pfarrer Joseph Norbert Provencher, später Bischof, hatte St. Boniface im 19. Jahrhundert als erste dauerhafte römisch-katholische Mission im Westen ins Leben gerufen und Kirche, Schule und den Konvent der Sœurs Grises, der sogenannten Grauen Schwestern, erbauen lassen. Heute eingemeindet, lebt hier inzwischen die größte französischsprechende Gemeinde Westkanadas.

Rund um die Missionsstation siedelten sich Métis, die Nachfahren der ersten französischen Trapper und deren indianischen Frauen, an. Inzwischen sind diese Métis sogar von der kanadischen Regierung als eigenes indigenes Volk anerkannt worden. Bis dahin war es jedoch ein steiniger Weg für das »Volk zwischen allen Stühlen« gewesen. 1869 hatte der Verkauf von Rupert's Land, wie einst der Westen Kanadas genannt wurde, durch die Hudson's Bay Company an die kanadische Regierung zur Red River Rebellion geführt.

Die Métis hatten sich benachteiligt gefühlt und versucht, unter ihrem Anführer Louis Riel gewaltsam auf ihrer Selbstständigkeit zu bestehen. Riel war es zu verdanken, dass es zu Verhandlungen mit Ottawa und 1870 zum Friedensschluss kam. Die Folge war die Gründung der Provinz Manitoba sowie deren Aufnahme in das Dominion. Riel wurde zum »Vater von Manitoba«, die Métis erhielten Sonderrechte, aber trotzdem zogen viele enttäuscht westwärts nach Saskatchewan.

Die Vergangenheit lebt

Ein Besuch Winnipegs wäre ohne einen Abstecher ins Manitoba Museum of Man and Nature unvollständig. Es besteht aus den überaus sehenswerten Museum Galleries – in denen die Geschichte anhand von detailgetreuen Dioramen nachgestellt wird – und dem Science Centre mit Planetarium und Multimediashows. Highlight ist die Nonsuch-Galerie, wo in einem authentisch nachgebauten englischen Hafenort des 17. Jahrhunderts die 1968 anlässlich der 300-Jahrfeier der »Bay« gebaute und 1973 der Provinz Manitoba vermachte Replik des Segelschiffes »Nonsuch« vor Anker liegt. Die originale »Nonsuch«

war 1650 in Essex vom Stapel gelaufen und 1668 mit Händlern der Hudson's Bay Company an Bord in die Hudson's Bay eingelaufen.
Etwa 32 Kilometer nördlich von Winnipeg, am Red River, kann man die Geschichtsstunde fortsetzen. Das 1951 als Nationalpark ausgewiesene Lower Fort Garry wurde liebevoll zum Living-History-Museum umfunktioniert. Wenn im Sommer die Türen aller Gebäude offen stehen und Freiwillige in Kostümen alte Handwerkstechniken oder traditionelle Lebensweise vorführen, glaubt man sich ins 19. Jahrhundert zurückversetzt, als sich hier noch alles um Pelze und Tierhäute drehte.

»Gänse auf Kurzurlaub«

An ihnen, ihren Hinterlassenschaften und ihrem Quaken kommt man in Kanada nicht vorbei: die Kanada-Gänse. Grauer Körper, schwarzer Kopf und weißes Schachbrettmuster am Hals sind die Erkennungsmerkmale der Canada Goose oder *Branta canadensis*. Sie leben bevorzugt in offenen Landschaften rund um Feuchtgebiete jeglicher Art.
Besonders gut lassen sich ihre Gewohnheiten im Oak Hammock Marsh, einem unter Naturschutz stehenden Feuchtgebiet nördlich von Winnipeg, beobachten. Dort versammeln sich alljährlich im Oktober ganze Schwärme von Gänsen, die aus Norden kommend hier eine Pause einlegen, ehe sie ihren Weg südwärts fortsetzen. Um dieses Schauspiel zu verfolgen, treffen sich an schönen Herbstabenden unzählige Naturfreunde rund ums Visitor Centre, den Blick durch Ferngläser himmelwärts gerichtet, um zu beobachten, wie die »Gänse auf Kurzurlaub« in beeindruckender v-förmiger Formation von ihren Futterplätzen zum Nächtigen am See zurückkehren.

THE FORKS

Wo sich jahrhundertelang Händler und Indianer trafen und später ein Bahnhof entstand, kommen heute zahllose Besucher zusammen. Auf dem zum Multipurpose-Komplex ausgebauten Areal am Riverwalk entlang dem Assiniboine River sind Einrichtungen wie das Explore Manitoba Centre, der alte Bahnhof, das Inn at the Forks, ein IMAX Theatre, ein Theater und ein großes Kindermuseum sowie ein Aussichtsturm zu finden. Einer der beliebtesten Punkte ist der Forks Market, in Eisenbahnhallen von 1900 untergebracht. Der Markt besteht aus unterschiedlichen Läden und Lokalen, dazu werden frische Lebensmittel aus lokaler Produktion verkauft, und auf dem »Heuboden« gibt es Kunst und Kunsthandwerk (Infos: www.theforks.com).

WEITERE INFORMATIONEN

Website: www.destinationwinnipeg.ca
In Deutschland: Canadian Tourism Commission, c/o Lange Touristik-Dienst, Eichenheege 1-5, 63477 Maintal, Tel. (01805) 526232.

21 Riding Mountain National Park

Eine mächtige Hügelkette

Verlässt man Winnipeg Richtung Westen, scheint sich der Horizont zu weiten: Auf der einen Seite, im Südwesten, breiten sich endlose Getreide- und Weideflächen aus, im Norden dagegen bestimmen Wälder, Flüsse und Seen das Bild. Beide Landschaftsformen sind flach, und deshalb wirkt die kaum 800 Meter hohe Hügelkette der Riding Mountains fast wie ein gewaltiger Bergzug.

Wegen der zahlreichen Seen und endlosen Wälder gilt der Riding Mountain National Park für die Bewohner des gut 300 Kilometer entfernten Winnipeg als beliebtes Wochenend-Ausflugsziel.

Manitoba, die östlichste der Prärieprovinzen Kanadas, ist flaches Land. Und doch gibt es Berge – auch wenn sie im Vergleich zu den Gipfeln der Rocky Mountains wie sanfte Hügel wirken. Dieses sogenannte Manitoba Escarpment, eine Moränen-Hügelkette aus der letzten Eiszeit, verläuft zwischen den Provinzen Manitoba und Saskatchewan auf etwa 120 Kilometern Länge und 30 Kilometern Breite. Mit nur rund 800 Metern Höhe ragt aus dieser Hügelkette der »Riding Mountain«, der auf der flachen Landschaft buchstäblich zu reiten scheint, heraus. Den südwestlichen Teil der Provinz Manitoba bedeckt Prärieland, wobei dieses mit dem ursprünglichen »Grassland«, in dem einst Bisons und Indianer umherzogen, nicht mehr viel gemeinsam hat. Großteils wurde die Prärie nämlich hier zu Weiden und riesigen Getreidefeldern umfunktioniert. Um die Stadt Brandon, südwestlich von Winnipeg gelegen, beginnt nämlich der kanadische Weizengürtel, der sich westwärts hinzieht.

Eine »Oase der Wildnis«

Im Zentrum der Provinz sorgen die flachen Manitoba Lowlands, eine Seen- und Waldlandschaft, die auf ein urgeschichtliches Meer, den Lake Agassiz, zurückgeht, für Abwechslung. Am Übergang vom Prärieland zur nördlich anschließenden Waldregion liegt der Riding Mountain National Park – eine »Oase der Wildnis«. Das Schutzareal um den höchsten Bereich des Manitoba Escarpments wurde 1929 ausgewiesen. Heute umfasst das Naturschutzgebiet fast 3000 Quadratkilometer, dicht bevölkert von Elchen, Hirschen, Schwarzbären, Luchsen, Wölfen, Koyoten und sogar Bisons. Es vereint zugleich verschiedene Landschaftsformen und Vegetationsstufen in sich: Wald, Buschland und Prärie. 1986 hat die UNESCO den Nationalpark auch noch zum Biosphären-Reservat erklärt.

Winnipegs Sommerfrische

Aufgrund seines Wander- und Reitwegenetzes von 320 Kilometern, wegen der

zahlreichen Seen und endlosen Wälder ist der Park zu jeder Jahreszeit attraktiv und gilt zudem seitens der Bewohner des gut 300 Kilometer entfernten Winnipeg als beliebtes Wochenend-Ausflugsziel. Als Hauptroute führt der Highway 10 vom Agrarstädtchen Brandon im Süden zum nördlich der Parkgrenze gelegenen Dauphin durch den Park. Von dieser Straße zweigen immer wieder primitive Stichstraßen zu kleinen Seen in idyllischer Lage ab. Am Lake Audry befindet sich ein großes Gehege, in dem Bisons angesiedelt wurden. Der größte See des Parks ist der Clear Lake, an dessen Südufer Wasagaming, der zentrale Versorgungsort des Parks, liegt. Hier ist Wassersport möglich, und es gibt einen Strand, Freizeitangebote und Einkaufsmöglichkeiten.

Ausflug zu Manitobas höchstem Berg

Auch Dauphin im Norden lohnt einen Besuch, zumal sich das Städtchen fest in ukrainischer Hand befindet. Das kommt besonders einmal im Jahr, während des Canada's National Ukrainian Festivals Anfang August zum Tragen. Sehenswert sind außer historischen Häusern das Fort Dauphin Museum, das Dr. Vernon L. Watson Arts Centre, ein ukrainisches Zentrum an der Main Street, das Court House und die Ukrainian Church.

Im Nordwesten von Dauphin liegt mit dem Duck Mountain Provincial Park ein weiteres großes Naturschutzgebiet im Manitoba Escarpment. Entstanden nach der letzten Eiszeit, entwickelten sich durch Erosion und Wasser Täler, Hochebenen und Hügel – eine Landschaft, in der eine vielfältige Tierwelt zu Hause ist. Mit dem Baldy Mountain »wächst« hier zugleich der höchste Berg Manitobas in den Himmel: Er misst 831 Meter. Der Park wird in Ost-West-Richtung vom Highway 367 durchquert, von Nord nach Süd vom Highway 366. Da beide Straßen ungeteert sind, hat sich die Region ihre Ursprünglichkeit noch weitgehend erhalten, und man glaubt sich fast in jene Zeiten zurückversetzt, als hier Assiniboine-, Cree- und Saulteau-Indianer auf Jagd gingen.

»GREY OWL« – DER BIBERMANN

»Grey Owl«, ein Engländer namens Archibald Stansfeld Belaney (1888–1938), verdankte seinen Namen dem ständigen Kontakt zu Indianern. Als Tierfreund rief er als Erster ein Schutzprogramm für Biber ins Leben. Legendär waren seine beiden »Haus-Biber« Jelly Roll und Rawhide, die er 1931 mit in den Riding Mountain NP brachte, wo er als Biologe tätig war. Er lebte sechs Monate in einer Cabin (Hütte) am Beaver Lodge Lake bei Wasagaming, studierte dort die Tiere und sorgte für das Wachsen ihrer Bestände. Seine Beobachtungen flossen in Artikel und Bücher ein, es entstanden Filme über die Biber und den »Beaver Man« selbst (mit Pierce Brosnan). Grey Owls Cabin kann besichtigt werden (18 km Trail ab Hwy. 19).

WEITERE INFORMATIONEN

Website: www.pc.gc.ca/ridingmountain
Hwy. 10 quert auf ca. 50 km von Wasagaming im S bis Dauphin im N den Park

Regina, die Hauptstadt von Saskatchewan, ist berühmt geworden als Ausbildungszentrum der legendären Royal Canadian Mounted Police, der weltweit bekannten, rotberockten »Mounties«. Aber auch als wirtschaftliches, Finanz- und industrielles Zentrum (rechte Seite).

22 Regina – »Canada's Queen City«

Ein Knochenhaufen wird Hauptstadt Saskatchewans

Die Great Plains sind stets ein Mythos gewesen. Auch wenn der Großteil längst unter den Pflug geraten ist, rufen die unendliche Weite und die Menschenleere immer noch Erstaunen und Begeisterung hervor. Mitten im Herzen des Farm- und Prärielands liegt Regina, die Hauptstadt von Saskatchewan, berühmt geworden als Ausbildungszentrum der legendären Royal Canadian Mounted Police, der »Mounties«.

Saskatchewan ist die mittlere der drei Prärieprovinzen und gilt als Kornkammer Kanadas. Immerhin ist der Staat beinahe so groß wie Texas, und ein Drittel aller kanadischen Farmen und die Hälfte der landwirtschaftlich genutzten Flächen Kanadas sind hier zu finden. Nicht Kirchtürme, sondern riesige Getreidesilos – die »Kathedralen der Prärie« – markieren hier die wenigen Ortschaften inmitten endloser Getreidefelder.

Dennoch wäre es falsch anzunehmen, dass der ganze Staat quasi ein einziges riesiges Weizenfeld sei. Tief eingeschnittene Flusslandschaften und ein fast undurchdringliches Wald- und Seengebiet im Norden gehören gleichermaßen dazu. Saskatchewan ist auch das Land der Kanada-Gänse, der Badlands, der Wälder – und es ist reich an Bodenschätzen. Verschlafene Nester und moderne Metropolen, Bergarbeiter und Cowboys, Bauern, Bankiers und Regierungsbeamte sind hier vereint. 95 Prozent der rund eine Million Einwohner von Sakatchewan leben im Südteil der Provinz – die meisten in den beiden Metropolen Saskatoon und Regina –, während die dichten Wälder im Norden nur dünn besiedelt sind.

Ein Knochenhaufen als Hauptstadt

»Oscana«, Knochenhaufen, nannten die Cree-Indianer einst den Platz, auf dem sich heute Regina erhebt. Aus dem ehemaligen Wildwest-Dorf ist eine moderne Stadt geworden mit spektakulären Wolkenkratzern und dem Wascana Centre, einem der größten künstlich geschaffenen Stadtparks ganz Kanadas. Auch die heiß geliebten Saskatchewan Roughriders, die Canadian Football-Profimannschaft, hat mit ihrem letzten Titelgewinn 2007 nicht nur die Provinz ins Delirium versetzt, sondern vor allem Regina zum Ruf einer sportbegeisterten Stadt verholfen.

Besonders sehenswert ist das Royal Saskatchewan Museum, das zu einer »Reise durch Raum und Zeit« einlädt. 1:1-Modelle zum hautnahen Erleben und

Die rot-uniformierten »Mounties« (oben) sorgten nicht nur in der Vergangenheit für Recht und Ordnung, sondern symbolisieren noch heute in den oft kaum erschlossenen Weiten des Landes die Staatsmacht. Auch Sitting Bull (rechte Seite außen) suchte bei ihnen Zuflucht. Das mächtige Legislative Building (rechte Seite unten).

verkleinerte Nachbauten führen informativ und multimedial in die Geschichte und Gegenwart der Region ein. Ein Glanzpunkt ist dabei die First Nations Gallery: Sie bietet einen Einblick mit Dioramen, Modellen und Hinterlassenschaften in die Geschichte der Indianer von den Anfängen bis in die jüngste Vergangenheit.

Obwohl »Canada's Queen City« mitten in Farm- und Prärieland liegt und zudem die Hauptstadt der Provinz ist, sind es nicht Landwirtschaft oder Verwaltung, die die Prärie-Metropole mit ihren fast 180 000 Einwohnern bekannt gemacht haben. Es ist vielmehr das Ausbildungszentrum der Royal Canadian Mounted Police (RCMP), das Regina über Kanada hinaus zu Ruhm und Ehre verholfen hat. Deren Museum und Trainingsgelände im Westen der Stadt zählen zu den viel besuchten Hauptattraktionen Kanadas. In der RCMP Training Academy werden insgesamt fast 500 Kadetten – seit 1974 auch Frauen – auf ihre Polizeiaufgaben vorbereitet. Es gibt Touren über das Gelände, im Sommer täglich Paraden, und dazu wird im RCMP Centennial Museum die Geschichte der »Mounties« eindrucksvoll erläutert.

»Rotröcke« sorgen für Recht und Ordnung

Am 23. Mai 1873 schuf der erste kanadische Premier, Sir John A. Macdonald, eine eigene Polizeitruppe, die Recht und Ordnung in den damals noch »wilden« und unkultivierten Westen Kanadas bringen sollte. Ein Jahr später bereits zog diese North West Mounted Police (NWMP), 22 Offiziere und 287 Soldaten unter Colonel George Arthur French, in beeindruckender Manier und weithin sichtbar in rote Uniformen gekleidet, von Fort Dufferin, südlich von Winnipeg, entlang der Grenze Richtung Alberta. Schon 1875 verfügte die NWMP über zahlreiche Forts, teils neu errichtet, teils an bereits bestehende Handelsposten der Hudson's Bay Company angeschlossen. Rings um diese Stützpunkte entwickelten sich Siedlungen und Städte, beispielsweise Calgary. Die »Mounties« forcierten die Besiedlung des Westens mit allen damit verbundenen Konsequenzen wie Raubbau an der Natur und Vertreibung der Ureinwohner. Anders als in den USA kam es in Kanada jedoch dank der rot berockten Polizeitruppe kaum zu gewaltsamen Übergriffen und Gesetzesbrüchen. Sieht man von den Métis-Unruhen ab, konnten größere Konflikte vermieden werden.

Eine »königliche« Polizei

Nach den Gründerjahren setzten sich in den Provinzen geregelte Regierungsformen durch, und ein Apparat mit eigener Legislative und Exekutive entstand. Die NWMP beschränkte sich zunehmend auf reine Polizeiarbeit. Lediglich in den Northwest Territories bestand ihre Ausnahmestellung länger fort, ist teilweise sogar bis heute erhalten. Vor allem während des Goldrausches 1896 im Yukon Territory verstanden es die »Mounties«, besonders der legendäre Offizier Sam Steele, den Strom der Goldsucher zu bündeln und Zustände wie beispielsweise in Kalifornien in der Mitte des 19. Jahrhunderts zu verhindern.
Aufgrund ihrer Verdienste, auch während des Burenkrieges 1899, verlieh

König Edward der Polizei den Ehrentitel »königlich«, und so nannten sich die »Mounties« von 1904 an Royal North West Mounted Police (RNWMP). 1920 wurde die »königliche Polizei« mit der in den östlichen Provinzen tätigen Dominion Police zur Royal Canadian Mounted Police (RCMP) zusammengeschlossen. Zwar sind die Polizisten heute kaum mehr hoch zu Ross oder mit Hundeschlitten unterwegs, und sie tragen ihre roten Uniformen auch nur noch zu offiziellen Anlässen, aber trotzdem schwärmt ganz Kanada von seinen »Mounties« und besucht ehrfürchtig Drills und andere Zeremonien.

Größter Stadtpark Kanadas

Das Wascana Centre ist einer der größten künstlich geschaffenen Stadtparks in Kanada. Obwohl er erst in den 1930ern im Rahmen eines Arbeitsbeschaffungsprojektes realisiert wurde, lagen Pläne dafür schon 1905 vor, gleich nachdem Regina Provinzhauptstadt geworden und zwischen 1908 und 1912 das mächtige Legislative Building entstanden war. Das Grünareal erschließt sich am besten auf einem der ausgeschilderten Rundgänge, die nach unterschiedlichen thematischen Gesichtspunkten angelegt wurden. Das Wascana Centre ist aber nicht nur die grüne Oase in der Provinzhauptstadt mit Picknickplätzen, Wanderpfaden, Bootsverleih und anderem Freizeitangebot, sondern zugleich Standort einiger Museen. Zum Beispiel des eingangs erwähnten Royal Saskatchewan Museum oder der Diefenbaker Homestead, die an den kanadischen Premier John G. Diefenbaker (1895–1979) erinnert, der in Regina aufgewachsen ist.

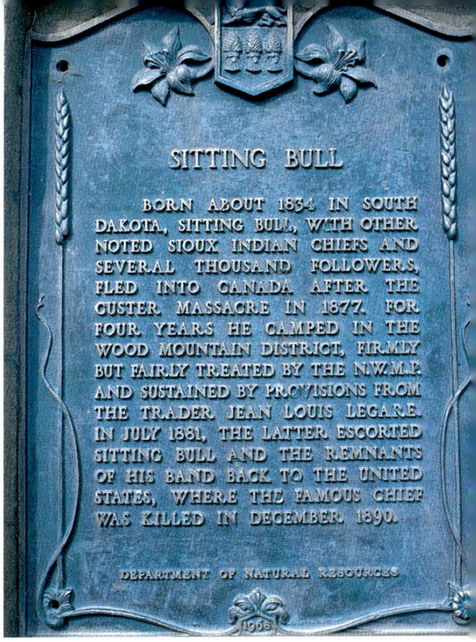

DER RED COAT TRAIL

Erste Aufgabe der »Mounties« war, den illegalen Alkoholschmuggel zwischen Kanadas Westen und den USA zu unterbinden. Ihr beeindruckender Marsch entlang der Grenze von Winnipeg ins heutige Alberta, von Juli bis September 1874, war zugleich eine gewaltlose Machtdemonstration. Heute kann man dem Red Coat Trail etwas weiter im Landesinneren, südlich des Trans Canada Highway, auf etwa 1300 Kilometern folgen: von Winnipeg zunächst auf dem Hwy. 2 nach Saskatchewan, dann auf dem Hwy. 13 nach Alberta und von dort via Hwy. 61 und 4 zum Endpunkt Fort Macleod.

Infos: www.rcmp-grc.gc.ca/hist/index-eng.htm (zur Geschichte) sowie www.sasktourism.com/places-to-go/road-trips/red-coat-trail (zum Trail)

WEITERE INFORMATIONEN

In Deutschland: Canadian Tourism Commission, c/o Lange Touristik-Dienst, Eichenheege 1-5, 63477 Maintal, Tel. (01805) 526232

Website: www.tourismregina.com

23 Saskatoon – »Saskatchewan's finest«

Métis und Indianer in der Stadt der Brücken

Saskatoon ist zwar nicht Saskachewans Hauptstadt, dafür aber die größte Stadt in der Prärie zwischen Edmonton und Winnipeg und dazu das geistig-kulturelle Zentrum der Provinz mit der angesehenen University of Saskatchewan. Zudem ist die Region, die sich »Heart of Canada's Old Northwest« nennt, als Heimat der Métis und verschiedener Prärie-Indianerstämme reich an Geschichte und Legenden.

Im Wanuskewin Heritage Park, einige Kilometer nördlich von Saskatoon, erinnern die Northern Plains Indians an die 6000-jährige Geschichte und Kultur der Indianer in der nördlichen Prärie (oben). Saskatoon wird auch Stadt der Brücken genannt (unten). Das Thorvaldson Bldg. der renommierten University of Saskatchewan (rechte Seite).

Seit Saskatoon mit seinen fast 240 000 Einwohnern in puncto Lebensqualität und Lebenshaltungskosten auf der Liste der lebenswertesten Städte in Kanada steht, glaubt man, endlich den hartnäckigen Konkurrenten, die Provinzhauptstadt Regina, abgeschüttelt zu haben. »Saskatchewan's finest«, wie sich die Stadt auch nennt, liegt verkehrstechnisch günstig am Yellowhead Highway und erstreckt sich beidseitig des South Saskatchewan River mit seiner attraktiven Uferpromenade und dem üppigen Freizeitangebot. Das Stadtzentrum liegt am Westufer, in einer Flussschleife, während der Unicampus sich im Osten erstreckt. Da beide Stadtteile durch sieben Brücken miteinander verbunden sind, erhielt Saskatoon den Beinamen »City of Bridges« oder »Bridge City«.

Die günstige Geografie lockte zuallererst Indianer in die Region. Auf die Cree-Indianer geht denn auch der Name der Stadt zurück: Er soll sich von dem schwer auszusprechenden Wort Mis-sask-quah-toomina ableiten, mit dem die Indianer die hier reichlich wild wachsenden Beeren bezeichneten. Die Stadt selbst wurde jedoch erst 1883 gegründet. Das von Premier John A. Macdonald initiierte Landverteilungsprogramm, die sogenannte Dominion Land Policy, hatte eine Methodistengemeinde aus Toronto angelockt, die 1881 als Temperance Colonization Society gegründet worden war und ihre Utopien in der Prärie realisieren wollte.

Eine Utopie in der Prärie wird Realität

Ein erster kleiner Siedlertrupp dieser Glaubensgemeinde hatte 1883 das Ufer des South Saskatchewan River erreicht. Die Neuankömmlinge ließen sich an der Ostseite des Flusses, nahe einer natürlichen Furt, nieder und nannten den Ort Saskatoon. Da jedoch der Fluss wegen

»Saskatchewan's Finest« nennen die Bewohner ihre Stadt Saskatoon, die sich beidseitig des South Saskatchewan River mit attraktiver Uferpromenade erstreckt. Das Stadtzentrum liegt am Westufer, der Unicampus im Osten (oben und rechte Seite unten). Absolut sehenswert: das Wanuskewin Heritage Center (unten und rechte Seite außen).

seiner Sandbänke nur eingeschränkt für die Schiffahrt geeignet war, hielt sich der Zuzug in die Gemeinde in der »abgelegenen Wildnis« zunächst in Grenzen.
Das sollte sich 1890 schlagartig ändern: Die Long Lake & Saskatchewan Railway Company baute eine Eisenbahnlinie nach Prince Albert und errichtete nicht nur einen Bahnhof mit Lokschuppen und installierte eine Wasserpumpe, sondern konstruierte zugleich eine erste Brücke über den Fluss. Sie machte in der Folgezeit auch das westliche Flussufer als Siedlungsareal interessanter: Die legendären »Mounties« errichteten einen Posten, ein Hotel und eine Poststation entstanden, und mehr und mehr Siedler ließen sich nieder.

Aus Drei mach Eins

Dieses neue West Saskatoon trat plötzlich in Konkurrenz zum alten Ort. Da es immer wieder zu Verwechslungen kam, eignete sich schließlich der Westteil kurzerhand den Namen Saskatoon an. Die urspüngliche Siedlung am Ostufer hieß fortan »Nutana«. Erst die Erhebung der westlichen Ortschaft zur Stadt im Jahr 1903 hatte zur Folge, dass sich drei Jahre später die beiden Orte plus eine dritte inzwischen entstandene Siedlung namens Riversdale zusammenschlossen und sich fortan unisono als Saskatoon bezeichneten.
1906 zog Saskatoon bei der Wahl der Hauptstadt von Saskatchewan gegen Regina zwar den Kürzeren, aber immerhin wurde man zum Trost Standort der Universität. Von 1908 bis 1912 wuchs die Einwohnerzahl von 3000 auf 27 000 an, und Saskatoon avancierte zur am schnellsten wachsenden Stadt Kanadas. Ein paar Geschäftsleuten ist der Ausbau zum Eisenbahnknotenpunkt zu verdanken, damit wurde der Grundstein für die heutige Rolle als Verteilerzentrum für das landwirtschaftlich geprägte Umland gelegt.

Kultur und Geschichte

Bis heute prägt die Universität mit ihrem kulturellen Angebot und ihren Einrichtungen wie dem Museum of Antiquities, dem Museum of Natural Sciences oder dem Diefenbaker Canada Centre das Kulturleben. Letzteres informiert nicht nur über John George Diefenbaker (1895–1979), den berühmtesten Sohn der Stadt und 13. Premier von Kanada, sondern auch über die Geschichte des modernen Kanada.
In Saskatoon befindet sich auch eine der vier ausgezeichneten Filialen des Western Development Museum. In der »Boomtown 1910« steht die städtische Entwicklung zu Beginn des 20. Jahrhunderts in Gestalt einer 1:1 rekonstruierten Hauptstraße mit über 30 Gebäuden, mit komplett ausgestatteten Läden, Werkstätten und Wohnhäusern, Fahrzeugen und Gerätschaften im Mittelpunkt.
Auch wenn Saskatoon mit all seinen Brücken und Hochhäusern eine moderne Skyline aufweist, beherrscht bis heute das altehrwürdige Delta Bessborough Hotel das Stadtbild. Diese Nobelherberge wurde 1935 als eines der ersten Hotels von der Eisenbahngesellschaft Canadian Pacific eröffnet und nach dem 14. Generalgouverneur von Kanada, Lord Bessborough, benannt. Sie thront wie ein Schloss über dem Saskatoon River.

Zeitreise in die Welt der Prärie-Indianer

Einen Überblick über die acht Indianerstämme, die in Saskatchewan zu Hause sind, bietet das Saskatchewan Indian Cultural Centre. Diese Einrichtung verfügt über eine Kunstsammlung und dient zudem als Forschungs- und Ausbildungszentrum mit hervorragender Bibliothek. Nicht versäumen sollte man den Wanuskewin Heritage Park, der einige Kilometer nördlich der Innenstadt liegt. Mit dieser National Historic Site haben sich die Northern Plains Indians, die das Zentrum selbst verwalten, ein eindrucksvolles Denkmal gesetzt. In dem Museumskomplex erfährt man viel Wissenswertes zu der mehr als 6000-jährigen Geschichte und Kultur der Indianer in der nördlichen Prärie.

Während im Hauptausstellungssaal dem Besucher anhand von allerhand Alltagsgegenständen und Kunsthandwerk, teils interaktiven Exponaten und wirklichkeitsnahen 1:1-Modellen die Welt der Indianer eindrucksvoll näher gebracht wird, lädt das Freigelände am Fluss zum aktiven Erforschen der Lebenswelt der Prärie-Indianer ein. Ausgeschilderte Wege führen beispielsweise zu einem Buffalo Jump, einem Geländeabbruch, über den einst die Indianer Bisons trieben, um sie erlegen zu können. Man stößt auf Tipis und Ausgrabungen, es gibt Demonstrationen und Schautafeln, und an manchen Ecken, besonders im Flusstal, hat man das Gefühl, Hauptdarsteller in einem Indianerfilm zu sein. Wem das noch nicht genügt, kann sich im Sommer für eine Übernachtung in einem Tipi anmelden oder an einem Camp teilnehmen. Auch für das leibliche Wohl ist gesorgt: Im zugehörigen Restaurant gibt es Spezialitäten wie Buffalo Burger, Saskatchewan Berry Pie oder Whitefish, und nur hier wird ein ganz spezieller schmackhafter Kräutertee aufgebrüht.

SCHMACKHAFTE BEEREN

The Berry Barn am South Saskatchewan River bietet die berühmten, hier wachsenden Saskatoon Berries in allen Variationen: zum Kaufen, zum Pflücken oder auch bereits verarbeitet im Shop oder in der Berry Barn Eatery. Es gibt Beeren-Tees, -Pies und -Desserts, Souvenirs und Marmeladen. Man kann von den oft übermannshohen Sträuchern während der Haupterntezeit im Juli auch selbst die schönsten Beeren pflücken. Die zur Gattung der Felsenbirne (Amelanchier) gehörigen Sträucher wurden bereits von den Indianern geschätzt. Aus Trockenfleisch und getrockneten Beeren stellten sie »Pemmikan« her, ein idealer Vorrat für den Winter und auf der Jagd.

The Berry Barn, 830 Valley Rd., ca. 11 km südlich Saskatoon, www.theberrybarn.com

WEITERE INFORMATIONEN

Website: www.tourismsaskatoon.com

Delta Bessborough Hotel: www.deltahotels.com/en/hotels/saskatchewan/delta-bessborough

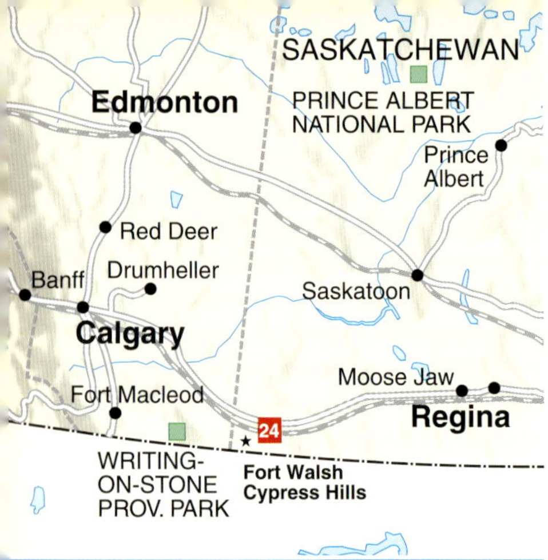

24 Fort Walsh und Cypress Hills

Refugium und Oase in der endlosen Weite der Prärie

Es ist kein laues Lüftchen, das über das endlose Grasland weht, sondern ein heftiger, beißender Wind, dessen mitgeführte Sandkörnchen in alle Poren eindringen. Besonders berüchtigt sind die Winterstürme, die aus dem Norden über die Great Plains von Amerika fegen und einen milden Frühlingstag im Handumdrehen unter einer dicken Schneedecke vergessen machen können.

Menschenleere, endlose Weite und ein Horizont so weit das Auge reicht, das sind die Kennzeichen der »Plains«, der Ebenen zwischen den Rocky Mountains und den kanadischen Prärieprovinzen Alberta, Saskatchewan und Manitoba.

Unendliche Weite – »Wide Open Spaces«, wie es in einem Song der berühmten Country-Band Dixie Chicks heißt –, das bedeutet menschenleere, endlose Weite und Horizont so weit das Auge reicht, alles Kennzeichen großer Teile des nordamerikanischen Westens. Plains oder Prärie, das ist eigentlich nur ein übergeordneter Begriff für die Ebenen zwischen den Rockies und dem Mississippi-Tal sowie dem Texas Panhandle und dem südlichen Teil der kanadischen Prärieprovinzen Alberta, Saskatchewan und Manitoba. Aufgrund des ursprünglichen Bewuchses mit unterschiedlichen Gräsern spricht man auch von »Grassland« oder »Grassland Prairies«. Dieses Grasland ist keineswegs so einheitlich, wie es auf den ersten Blick scheinen mag, denn da gibt es die relativ feuchten Central Plains im Umkreis von Mississippi, Missouri oder Red River und ihrer Zuflüsse einerseits und die eigentlichen Great Plains, die bis zu den Rockies reichen, andererseits. In den zentralen Gebieten der Prärie hat der Mensch bereits stark in die natürliche Vegetation eingegriffen. Großflächig wurden Felder angelegt, auf denen, zumeist in Monokulturen, Mais, Sonnenblumen, Weizen oder Sojabohnen angebaut werden. So besteht die Prärie im Westen Kanadas heute überwiegend aus Getreidefeldern, und allein Silos geben dem Auge Halt. Wenn in trockenen Jahren die Saat nicht aufgeht und der Boden ungeschützt der Sonne und dem Wind ausgesetzt ist, kommt es zu Bodenerosion; ähnliche Probleme stellen sich bei intensiver Weideviehhaltung ein. Durch Maßnahmen wie den Anbau von Alfalfa (Luzerne) oder Renaturierung versucht man dem entgegenzuwirken.

Der Cypress Hills Interprovincial Park

Ein Stück ursprüngliche Prärie ist noch zwischen den beiden Provinzen Saskatchewan und Alberta beziehungsweise an der Grenze zu den USA zu finden: im Cypress Hills Interprovincial Park sowie im Grasslands National Park. Cypress

Ein Stück ursprüngliche Prärie ist im Cypress Hills Interprovincial Park erhalten geblieben (rechte Seite). Hier fühlen sich Tiere wie Antilopen (oben), Kaninchen (Mitte) und die allgegenwärtigen, geschäftigen Präriehunde (unten) wohl.

Hills war zum Schutz der Landschaft 1989 als erster und einziger Interprovincial Park Kanadas – die Landesgrenzen vernachlässigend – eingerichtet worden. Im sanften Hügelland fühlten sich schon immer Menschen wohl. Bis weit ins 19. Jahrhundert hinein handelte es sich vor allem um Cree-, Assiniboine- und Blackfeet-Indianer, die den Bisonherden folgten. In den 1860ern dann erkundete der Forscher John Palliser erstmals die Gegend um die Cypress Hills und beschrieb die Hügellandschaft als »perfect oasis in the desert«. In den Siebzigern entstanden erste Handelsposten, und mit ihnen waren die Konflikte zwischen Weißen und Indianern vorprogrammiert. Ruhe kehrte erst ein, als 1875 die North West Mounted Police (NWMP) Fort Walsh errichtete.

Die Cypress Hills sind eine Vorgebirgsregion mit Kiefern-, Fichten- sowie Pappelwäldern. Vorherrschender Baum ist die in über 1300 Metern Höhe gedeihende sogenannte Lodgepole Pine. Diese Kiefernart erhielt ihren Namen von den Indianern: Sie nutzten die gerade gewachsenen Stämme dieser Baumart als Teepee-Stangen. Hat man die Hügellandschaft ostwärts hinter sich gelassen, steht man unvermittelt in der Prärie. Obwohl großteils landwirtschaftlich genutzt, gelang es immerhin, Reste südöstlich der Cypress Hills als Grasslands National Park unter Schutz zu stellen.

Ein Besuch der Cypress Hills, die zu den »Sieben Wundern von Kanada« zählen, ist zu jeder Jahreszeit ein Erlebnis. So blühen im Frühjahr über 700 Pflanzenarten, darunter zahlreiche Orchideen, und es tummeln sich mehr als 220 Vogelarten in den lauen Lüften. Im Herbst bietet die Laubfärbung ein faszinierendes Farbenschauspiel, und im Winter kann man die Ruhe und Einsamkeit genießen. Vielfältige Freizeitmöglichkeiten wie Wassersport, Wandern, Reiten oder Campen locken speziell im Sommer viele Menschen in den Park.

Bollwerk für Recht und Ordnung

Für die friedliche Entwicklung des kanadischen Westens spielte das 1875 errichtete Fort Walsh eine entscheidende Rolle. Seit 2000 ist es als National Historic Site Teil des Cypress Hills Park. Zwischen 1878 und 1882 Hauptquartier der NWMP, war es ein Bollwerk für Recht und Ordnung in den unruhigen Zeiten des Wilden Westens. Von Fort Walsh aus verfolgten die rot berockten legendären »Mounties« nicht nur Whiskey-Händler, sondern auch Rinder- und Pferdediebe. Sie pflegten andererseits zu den hier lebenden Prärie-Indianern ein Vertrauensverhältnis, und da deren altes Nomadenleben mehr und mehr eingeschränkt wurde, halfen ihnen die »Mounties«, sesshaft zu werden.

Schnell sprach sich die Bedeutung der »Mounties« im kanadischen Westen, aber auch beim südlichen Nachbarn USA herum. Illegaler Handel und Diebstähle wurden weitgehend unterbunden und für viele in Amerika verfolgte und bedrohte Indianer wurde das »Land der Weißen Großmutter«, wie sie Kanada wegen Queen Victoria nannten, ein beliebter Zufluchtsort. Während des sogenannten Great Sioux War von 1876–77 in den USA setzten sich Tausende der »Warriors of the Plains«, darunter der legendäre Sitting Bull, nach Kanada ab. Es sollen zeitweise an die

5000 Sioux und andere Indianergruppen, wie die Nez Percé, in Kanada Asyl gesucht haben.

Eine historische Freundschaft

Sitting Bull (ca. 1831–1890) und »Mounties«-Inspector James Walsh (1840–1905) wurden enge Freunde. Mit viel Geschick und dank der freundschaftlichen Verbindungen konnten die »Mounties« verhindern, dass einerseits die Sioux Kanada als Basis für Übergriffe in die USA nutzten und andererseits die in Kanada lebenden Indianer ihre alten amerikanischen Feinde angriffen. Darüber hinaus kam es auf höchster Ebene fünf Jahre lang zu diplomatischen Verhandlungen zwischen den USA, Kanada und Großbritannien über das Schicksal der Flüchtlinge. Am Ende musste sich Kanada dem US-amerikanischen Druck beugen und die Sioux wieder zurückschicken. Immerhin konnte man den USA die Verpflichtung abringen, den Sioux Amnestie zu gewähren und sie in ihre Heimat zurückkehren zu lassen.
Im Jahr 1883 war die Region so weit befriedet, dass Fort Walsh aufgegeben werden konnte. 1942 kaufte die Royal Canadian Mounted Police (RCMP) die Ländereien des alten Fort zurück und erbaute die Remount Ranch, um hier bis 1968 ihre berühmten, seltenen pechschwarzen Paradepferde zu züchten. Danach wurde das Fort wieder in sein ehemaliges historisches Ambiente zurückversetzt und informiert nun als National Heritage Site und Freiluftmuseum über jene unruhigen Tage zwischen 1873 und 1883.

EINE GANZ SPEZIELLE PFERDERASSE

Wer einmal den sogenannten »Musical Ride«, die große Kavallerieshow der RCMP erlebt hat, kennt die legendären kohlschwarzglänzenden Pferde der »Mounties«. Um ein Land wie Kanada zu kontrollieren, brauchte man zähe, ausdauernde Pferde. Seit 1939 züchtet sie die RCMP selbst – von 1942–1968 in Fort Walsh, jetzt in Pakenham, Ontario. Ergebnis der Kreuzung von Percherons, Belgier- und Clydesdale-Stuten mit schwarzen Vollbluthengsten und ab 1976 auch Trakehnern waren schwarze, große und ruhige Pferde, wie sie für die Patrouillen (und Shows) nötig waren. Heute sind 32 Polizeioffiziere und ein Oberbefehlshaber an der Show beteiligt, die erstmals offiziell 1887 stattfand und längst grenzübergreifend vorgeführt wird.

WEITERE INFORMATIONEN

Websites: www.pc.gc.ca/eng/lhn-nhs/sk/walsh/index.aspx,www.cypresshills.com, www.pc.gc.ca/eng/pn-np/sk/grasslands/index.aspx, www.rcmp-grc.gc.ca/mr-ce/centre-eng.htm

An die ereignisreiche Vergangenheit der kleinen Präriestadt Moose Jaw erinnern heute zahlreiche Wandbilder an den Fassaden vieler Häuser in der Innenstadt.

25 Moose Jaw

Chicagos Gangster im kanadischen Asyl

Für kanadische Verhältnisse liegt das Städtchen Moose Jaw nur einen Katzensprung – etwa 75 Kilometer – westlich der Hauptstadt Regina. »Little Chicago« kann auf eine turbulente Vergangenheit zurückblicken. In den »Roaring Twenties« haftete dem Ort der wenig schmeichelhafte Ruf an, eine wüste Gangsterstadt zu sein. In den durch unterirdische Gänge verbundenen Kellern sollen sich nicht nur die chinesischen Handwerker eine eigene Gemeinde mit kompletter Infrastruktur aufgebaut haben. In den Tunneln hatten auch Chicagos Gangster um Al Capone während der Prohibition Asyl vor der Polizei gesucht.
Während der Depression versank das Städtchen in einen Dornröschenschlaf, der glücklicherweise einen Teil der Vergangenheit konservierte. Deshalb können Besucher heute wieder auf den Spuren Al Capones durch die Unterwelt spazieren oder auf den über 20 großformatigen Wandbildern in der Innenstadt die faszinierende Geschichte von Moose Jaw kennenlernen.

INFORMATIONEN:
www.tunnelsofmoosejaw.com

Mit Hilfe der Indianer versuchten sich die Métis gegen die Siedler zu wehren.

26 Kanadas Old Northwest

Der vergebliche Kampf um die Freiheit

Die Region zwischen Battleford, Saskatoon und Prince Albert, im Herzen der Provinz Saskatchewan gelegen, nennt sich »Heart of Canada's Old Northwest«. Es ist die Heimat der Métis, einer Bevölkerungsgruppe, die sich aus französischen Trappern, den Voyageurs, und lokalen Indianerinnen rekrutierte und die eine eigene Kultur und Identität entwickelt hatte. Der allmähliche Wandel ihrer Lebensweise ging nicht ganz ohne Konflikte mit der Staatsmacht einher. 1885 kam es zur North West Rebellion, angeführt von Louis Riel als religiösem Führer und Militärbefehlshaber Gabriel Dumont. Nach mehreren Scharmützeln eroberten die überlegenen kanadischen Truppen Batoche, den nordwestlich von Saskatoon gelegenen Hauptort der Métis. Diese flohen großteils nach Montana und kehrten 1886 nach einer Generalamnestie zurück. Dumonts Grab und ein Ehrendenkmal sind heute Hauptattraktionen der Batoche National Historic Site.

INFORMATIONEN:
www.pc.gc.ca/eng/lhn-nhs/sk/batoche/index.aspx

27 Prince Albert National Park

Wildnis im Land der Cree-Indianer

Prince Albert, nördlich von Saskatoon, ist die viertgrößte Stadt Saskatchewans und liegt am Übergang zwischen Prärie und Waldland. 1776 gegründet, zählt der Ort zu den ältesten im kanadischen Westen, allerdings hatte erst 1866 Reverend James Nisbet mit der Gründung einer Mission mitten im Cree-Indianerland für Aufschwung gesorgt.
Gleich nördlich der Stadt beginnt das endlose Waldland des Nordens. Nur etwa 80 Kilometer entfernt erstreckt sich der Prince Albert National Park, ein wildromantisches und nur teilweise erschlossenes Seen- und Waldgebiet. Schon 1927 wurde das Areal zum Nationalpark erklärt mit Waskesiu Lake als Hauptort. Der Highway 263 führt entlang der Parkgrenze im Osten nordwärts bis zum Lake Waskesiu und endet an dessen Nordufer. Ab hier gibt es nur noch unbefestigte Straßen und Wander- oder Kanu-Trails durch die Wildnis, deren Flora und Fauna den Übergang vom südlichen Prärie- zum nördlichen Waldland widerspiegeln.
INFORMATIONEN: www.pc.gc.ca/eng/pn-np/sk/princealbert/index.aspx

Im Prince Albert National Park wurde ein ruhiges, wildromantisches und nur teilweise erschlossenes Seen- und Waldgebiet unter Schutz gestellt.

28 Churchill

Ausflug in die Heimat der Eisbären

Der Norden Manitobas besteht aus kaum besiedelter Wald- und Seenlandschaft sowie der subarktischen Tundra des kanadischen Schilds.
North of 53° heißt die Region nördlich des 53. Breitengrades, und sein nördlichster besiedelter Punkt, Churchill, seit 1929 per Bahn mit Winnipeg verbunden, ist auch per Flugzeug oder Schiff erreichbar.
Churchill, berühmt geworden als Polar Bear Capital of the World, liegt etwa 1000 Kilometer Luftlinie nördlich von Winnipeg. Ende Oktober, während der »Eisbären-Saison«, wimmelt es von Besuchern. Beluga-Wale und Bären, die bis zu 600 Kilogramm schweren »Lords of the Arctic«, sind die Hauptattraktionen der Stadt an der Hudson Bay.
Einst befand sich in Churchill ein wichtiger Posten der Hudson's Bay Company, die ihre Handelsstationen von Labrador bis zum Pazifik von hier aus versorgte. Das massive Steinfort an der Mündung des Churchill River, dessen Bau sich bis 1771 hinzog zeugt davon.
INFORMATIONEN: www.pc.gc.ca/eng/pn-np/sk/princealbert/index.aspx

Unzählige Naturfreunde pilgern nach Churchill, um die Eisbären zu bewundern.

Eigentlich Einzelgänger, finden sich Ende Oktober, während der »Eisbären-Saison«, die bis zu 600 kg schweren »Lords of the Arctic« auf Nahrungssuche in der Nähe menschlicher Siedlungen, wie Churchill, ein.

Auch der kanadische Teil der Rocky Mountains ist faszinierend mit all seinen schneebedeckten Gipfeln und Gletscherfeldern, mit weiten Tälern und kristallklaren Bergseen. Doch auch Cowboys und Wildtiere sind hier zuhause.

Bergwelt der
Rocky Mountains

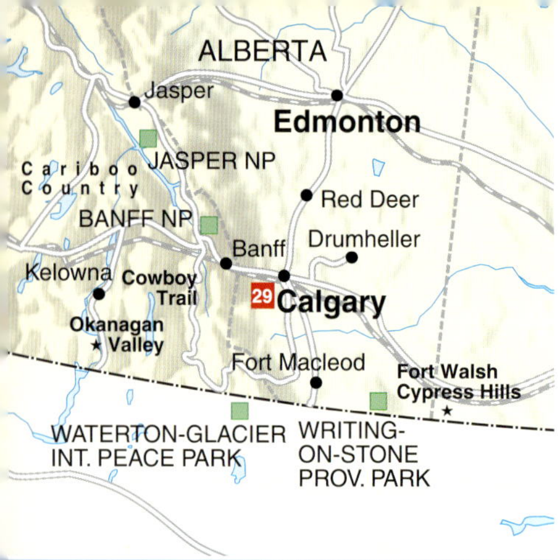

Seit Calgary 1988 die Olympischen Winterspiele ausgerichtet hat, kennt man das Wahrzeichen der Stadt, den Calgary Tower (rechte Seite). Dass in Calgary jedoch nicht alles modern und neu ist, zeigt das altehrwürdige Palliser Hotel (oben).

29 Olympiastadt Calgary

In der Heimat der Cowboys und Saurier

Staub wirbelt auf, es riecht nach Rindern, Pferden, Leder und Dung. Cowboyhüte und -stiefel, Buckles, Chaps und Jeans, so weit das Auge reicht, Countrymusic dröhnt aus den Lautsprechern. Nein, wir befinden uns nicht in Texas, sondern in der Provinz Alberta, genauer, in der kanadischen Olympiametropole Calgary, die sich alljährlich Anfang Juli anlässlich der »Stampede« in eine »Cow Town« verwandelt.

Im Süden Albertas dominieren heute wie vor 100 Jahren Landwirtschaft und Viehzucht, und im Land der Cowboys gibt es riesige Ranches und Viehherden. Im Zentrum erhebt sich jedoch die moderne Olympia- und Ölmetropole Calgary, gleichzeitig am Fuße der Rocky Mountains und dennoch – diesbezüglich mit der US-Metropole Denver vergleichbar – mitten in der Prärie der kanadischen Provinz Alberta.
Seit den Olympischen Winterspielen im Jahr 1988 ist Calgary mit seiner malerischen Skyline vor den Rocky Mountains in aller Welt bekannt. Auch gilt die Stadt seither mit ihrer Million Einwohner als Wintersport-Hochburg und als »Gateway to the Canadian Rockies«. Der Tourismus spielt eine zunehmend wichtige Rolle, wobei die Beliebtheit Albertas in erster Linie auf seinen berühmten Naturschutzgebieten in den Rocky Mountains beruht, allen voran dem Jasper National Park und dem Banff National Park und den sie umgebenden Skigebieten.

An den olympischen Winter 1988 erinnert noch der Canada Olympic Park im Westen der Stadt. Die olympischen Stätten wurden nicht abgerissen, sondern werden bis heute vielfältig und gewinnbringend genutzt. Auf einer Bustour können Besucher das Areal erkunden, wobei speziell ein Blick von der 90-Meter-Skischanze lohnt. Dazu gehört außerdem die Olympic Hall of Fame mit Videos, Simulatoren (Skiflug, Bobfahrt), Ausstellungsstücken, Dokumenten und Fotos.

Der Traum von der größten Westernschau

»Das soll einmal die größte Westernschau werden!« Guy Weadick wusste, was er wollte, als er 1912 ein paar mächtige Finanziers überredete, ihm Geld für die Organisation der ersten »Stampede« zu geben. Weadick war der Prototyp eines Cowboys: Zwar 1885 in Rochester im Bundesstaat New York als Sohn eines angesehenen Anwalts geboren, hatte es ihn schon mit 16 Jahren

Egal, von welcher Seite man sich der Metropole Calgary nähert, die Skyline wird vom unübersehbaren Calgary Tower (oben) dominiert und vom Saddledome (rechte Seite), der Heimat der beliebten Eishockeymannschaft Calgary Flames.

hinaus in die Weiten des damals noch Wilden Westens gezogen. Jahrelang jobbte er als Cowboy auf verschiedenen Ranches, begeisterte sich für Rodeos und begann von einer Western-Show wie jener des von ihm bewunderten Buffalo Bill zu träumen.

1912 war es so weit: Zur ersten »Wild West Extravaganza« kamen allein zur Eröffnungsparade 80 000 Besucher, die anschließend begeistert das große Rodeo verfolgten. Bis zu seinem Tod 1953 durfte Weadick miterleben, wie sich aus seinem Traum eine erfolgreiche und gewinnträchtige Mischung aus Landwirtschaftsmesse, Vergnügungen und Wettkämpfen rund um den Wilden Westen entwickelt hatte.

Seit 1968 dauert die »Calgary Exhibition & Stampede« sechs statt zehn Tage, und 1982 wurde mit dem »Half Million Dollar Rodeo« ein neues Highlight ins Programm aufgenommen. Die »Stampede« beginnt traditionell am ersten Freitag im Juli mit einer großen Parade – und danach jagt ein Programmpunkt den nächsten: Rodeos, Chuckwagon Races, Zuchtschauen und Auktionen. Aber auch verschiedenste Vorführungen und Shows locken Besucher auf das Gelände des Stampede Park, in einer Schleife des Elbow River im Südosten der Stadt gelegen.

Vom Militärposten zur Ölstadt

Die Ursprünge der Stadt Calgary gehen, wie die von so vielen Gemeinden im Westen Kanadas, auf einen Militärposten der Northwest Mounted Police, der berühmten »Mounties«, zurück, der 1875 am Zusammenfluss von Bow und Elbow River errichtet wurde. Heute kann man sich im Fort Calgary Historic Park am Innenstadtrand in die Frühzeit der Stadt zurückversetzen. Wenige Jahre nach der Gründung des Polizeipostens richtete die Hudson's Bay Company hier einen Handelspunkt ein, in dessen Umkreis sich zunächst einmal kaum hundert Menschen ansiedelten. Erst der Bau der Eisenbahn änderte alles, und nach 1883 explodierten die Einwohnerzahlen. Viele Neusiedler begannen, ihren Lebensunterhalt mit der Viehzucht zu bestreiten.

Ein Brand 1886 ermöglichte nach Jahren des ungezügelten Wachstums einen Neuanfang in Gestalt einer systematischen Stadtentwicklung, und so entstand rund um die City Hall ein kleines städtisches Zentrum. Die Viehzucht spielte weiterhin eine dominierende Rolle und tut es bis heute, obwohl 1909 im Turner Valley, rund 50 Kilometer südlich der Stadt gelegen, Öl entdeckt wurde und 1947 auf den Leduc Oilfields noch größere Vorkommen ans Tageslicht kamen.

Ausblick vom Calgary Tower

Downtown Calgary liegt am Südufer des Bow River und fällt wie Edmonton und Winnipeg durch ein Kuriosum auf: Von Gebäude zu Gebäude führen überdachte Übergänge, »plus-15s« genannt, weil sie 15 feet (4,60 m) über dem Straßenniveau liegen. Man lernt diese Konstruktionen schätzen, wenn man leicht bekleidet während eines verfrühten Schneesturms im September oder eines unerwarteten Kälteeinbruchs im Mai in der Stadt unterwegs ist und sich in das angenehm temperierte Labyrinth retten kann.

Im Süden wird die Innenstadt seit 1968 von ihrem unübersehbaren Wahrzeichen, dem Calgary Tower, überragt. Von seiner Aussichtsterrasse in 191 Metern Höhe bietet sich ein fantastischer Überblick über Stadt und Umland. Gleich südlich schließt sich der Calgary Stampede Park an, wo auch außerhalb der »Stampede« dank Pferderennbahn, Casino und »Grain Academy« (Getreide-Museum) immer etwas geboten ist. Besonders auch während der Heimspiele der Calgary Stampeders, der lokalen Canadian-Football-Mannschaft. Am Rand des Parks liegt das zweite Wahrzeichen der Stadt, der Olympic Saddledome. Das ehemalige Olympische Eisstadion, das an einen überdimensionierten Sattel erinnert, ist heute Heimat des beliebten NHL-Teams, der Flames.
Direkt zu Füßen des Calgary Tower befindet sich mit dem Glenbow Museum eines der besten Museen Kanadas. Es gewährt einen guten Überblick über Kunst und Geschichte des kanadischen Westens. Besonders die Blackfoot Gallery lohnt einen Besuch. Abgesehen von einem Original-Teepee bringen Ton- und Bildaufzeichnungen, dazu Kunsthandwerk verschiedenster Art und Fotos das Leben dieses Indianerstammes nahe.

Vorsicht, Chinook!

Noch etwas hat die Region um Calgary berühmt gemacht: der Chinook. Dieser berühmt-berüchtigte Warmluftwind, gegen den der in Bayern bekannte Fön nur ein laues Lüftchen ist, kann im Winter innerhalb von Stunden für einen Wettersturz sorgen. Wenn kalte und feuchte Pazifikluftströme über die Rocky Mountains nach Osten ziehen, erwärmen sie sich beim »Absturz« von den Bergen und bewirken innerhalb kürzester Zeit einen Temperaturanstieg um bis zu 20 Grad.

CALGARY STAMPEDE

Die Calgary Stampede beginnt jeweils am ersten Freitag im Juli mit einer großen Parade. Seit 1912 ziehen mehrere Tage lang Veranstaltungen unterschiedlichster Art Besucher in ihren Bann: von Rodeo, Westernreit-Wettbewerben wie Reining oder Cutting, dem legendären Chuckwagon-Rennen, über Zuchtschauen und Auktionen bis hin zu Schmiede-Wettkämpfen oder Square Dancing. Die Calgary Stampede ist die größte derartige Veranstaltung in Nordamerika und findet großteils auf dem Gelände des Stampede Park, in einer Schleife des Elbow River im Südosten der Stadt gelegen, statt (www.calgarystampede.com).

WEITERE INFORMATIONEN

In Deutschland: Canadian Tourism Commission, c/o Lange Touristik-Dienst, Eichenheege 1-5, 63477 Maintal, Tel. (01805) 526232
Websites: www.travelalberta.com und www.visitcalgary.com

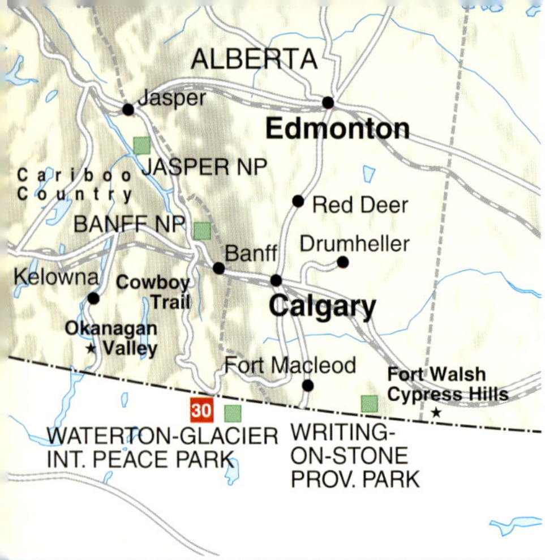

30 Waterton-Glacier International Peace Park

Friedenspark im Land der »Schwarzfüße«

Mitten in den Rocky Mountains, zwischen schneebedeckten Gipfeln und Gletscherfeldern, wurde im Grenzgebiet zwischen Kanada und den USA eine der großartigsten Berglandschaften Nordamerikas schon 1932 als erster International Peace Park landesübergreifend unter Naturschutz gestellt. Eis und Schnee, aber auch dichte Wälder und viele klare Bergseen locken Besucher zuhauf an.

Zwischen schneebedeckten Gipfeln und Gletscherfeldern, im Grenzgebiet zwischen Kanada und den USA, wurde 1932 die grandiose Berglandschaft um den Waterton Lake als »International Peace Park« unter Naturschutz gestellt.

Mit dem Zusammenschluss des 1895 gegründeten, etwa 500 Quadratkilometer großen Waterton Lakes National Park in der kanadischen Provinz Alberta und dem über 4000 Quadratkilometer großen, 1910 eingerichteten Glacier National Park im US-Bundesstaat Montana zu einem International Peace Park 1932 wollte man nicht nur die enge Freundschaft der beiden Staaten dokumentieren, sondern zugleich eine eindrucksvolle Landschaft unter Schutz stellen. Am abrupten Übergang zwischen Prärie und Rockies gelegen, wurde der Park 1976 von der UNESCO zum Biosphären-Reservat und 1995 zur World Heritage Site erklärt.

Trail of the Great Bear

Der International Peace Park ist Teil des sogenannten Trail of the Great Bear. Diese auf unterschiedlichen Straßen verlaufende Route verbindet die Nationalparks im Heart of the Rockies. Er führt vom Yellowstone National Park im US-Bundesstaat Wyoming über den Glacier National Park nach Kanada. Von hier aus geht die Route über den Waterton Lakes National Park weiter nach Norden zum Banff National Park, um im Jasper National Park zu enden. Dabei passiert der Trail nicht nur die Bergwelt der Rockies, sondern quert auch weites Ranchland, schneebedeckte Pässe, Indianerreservate und alte, teils aufgelassene Minenstädte. Auf kanadischer Seite führt der Highway 6, der von der US-Grenze Richtung Norden verläuft, am Ostrand des Waterton Lakes National Park vorbei. Er kreuzt am Abfluss des Waterton River aus dem Lower Waterton Lake den Highway 5, der aus Richtung Calgary kommend hinein ins Schutzgebiet führt. An ihm liegt im Parkzentrum, direkt am Upper Waterton Lake, der Versorgungsort Waterton Townsite.

Schon die Anfahrt von Osten auf dem Highway 5 lässt ahnen, dass der Water-

ton Lakes National Park die gleichen geologischen Strukturen aufweist und ebenso von Gletschern geprägt ist wie der Glacier National Park. Bevor man Waterton Townsite erreicht, fällt der Blick auf das majestätisch am Seeufer gelegene Prince of Wales Hotel, und es wird klar, dass es hier weniger die hohen Berge sind als vielmehr die Seenlandschaft in niedrigeren Lagen, die Menschen anzieht. Auch wenn Waterton Townsite touristisch gut ausgestattet ist, herrscht kein großer Trubel. Das lang gestreckte Tal, das der dreiteilige Waterton Lake – Upper, Middle und Lower Waterton Lake – einnimmt, hat es allerdings in sich: Hier fegen Winde von oft mehr als 50 Stundenkilometern Geschwindigkeit über die Wasserflächen.

Im Land der »Schwarzfüße«

Genauso, wie das Naturschutzgebiet beide Länder übergreift, erstreckt sich auch die Heimat der »Schwarzfüße«, der Blackfeet-Indianer, sowohl auf kanadischer als auch amerikanischer (Montanas) Landfläche. Hier wie dort leben die Indianer in ausgedehnten Reservaten. Die kanadische Blood Indian Reservation um die Ortschaft Stand Off mit ihren 1000 Quadratkilometern und etwa 8000 Indianern zählt dabei zu den größten Reservaten Kanadas.

Die Indianer, die hier zu Hause und bekannt für ihre farbenprächtigen Powwows sind, gehören zur großen Blackfoot Confederacy, die einst das Grasland Südalbertas für sich beanspruchte. Die Confederacy bestand aus vier Stämmen, die sich als Niitsitapi (Original People) bezeichneten: den Siksika oder eigentlichen Blackfoot (benannt nach den durch die Asche der Präriefeuer geschwärzten Mokassins), den Kainai oder Bloods und den North Peigan in Alberta sowie den South Peigan in Montana.

In Cardston, der größten Ortschaft zwischen den Naturparks und dem Reservat, befindet sich ein kulturelles Highlight, das man nicht versäumen sollte: das Remington-Alberta Carriage Centre, eine der größten Kutschensammlungen Nordamerikas. Die Prachtstücke wurden in einer rekonstruierten Straße mit Feuerstation und Kutschenfabrik aufgereiht.

WEGE ÜBER DIE ROCKIES

Drei Routen überqueren die mächtigen Rocky Mountains: im Norden der Yellowhead Hwy. (www.yellowheadit.com) bei Jasper über den Yellowhead Pass (1733 m), der Trans Canada Hwy. (www.transcanadahighway.com) ab Banff via Kicking Horse Pass (1627 m), und schließlich der Crowsnest Hwy. 3 (www.crowsnest-highway.ca), der nahe der US-Grenze über den Crowsnest Pass (1356 m) verläuft. Die Grenze zwischen Alberta und British Columbia liegt im Süden auf Passhöhe der Rockies, westlich schließt sich eine abwechslungsreiche Bergwelt mit National und Provincial Parks, Tälern, Seen, dem Columbia River sowie heißen Quellen an. Die Hauptorte heißen Cranbrook, Revelstoke, Kimberley – »The Bavarian City of the Rockies« –, Nelson oder Golden. Sehenswert ist die Fort Steele Heritage Town, ein ehemaliges Minendorf und Freiluftmuseum nordöstlich von Cranbrook.

WEITERE INFORMATIONEN

Websites: www.watertonpark.com, www.pc.gc.ca/eng/pn-np/ab/waterton/index.aspx

31 Banff National Park und Lake Louise

Viel besuchte Region der landschaftlichen Vielfalt

Der Banff National Park mit dem überaus fotogenen, intensiv-türkisfarbenen Lake Louise und dem Icefields Parkway ist einer der ganzjährigen Hauptanziehungspunkte Kanadas. Er ist ein Paradies für Skifahrer und Naturfreunde, gekennzeichnet durch große landschaftliche Vielfalt, dichte Wälder, hohe Berge und mächtige Gletscher, klare Seen und Flüsse sowie eine sehenswerte Flora und Fauna.

Im Jahr 1883, zwei Jahre bevor die Eisenbahn Ost- und West-Kanada endgültig miteinander verband, entdeckten drei Arbeiter eine heiße Quelle am Sulphur Mountain, mitten in den kanadischen Rocky Mountains. Ehe ein Einzelner daraus Nutzen ziehen konnte, gelangte das Areal zum Glück in den Besitz der kanadischen Regierung, und sie war es, die 1887 hier die erste Naturschutzzone Kanadas, den Banff National Park, einrichten ließ. Dennoch eröffnete – mit Genehmigung der Parkverwaltung – der Eisenbahnmagnat William Cornelius van Horne 1888 das damals weltgrößte Hotel: das Banff Springs Hotel mit 250 Zimmern. Heute verfügt es über 800 Zimmer. »Wenn wir schon die Szenerie nicht exportieren können, müssen wir die Touristen importieren«, war seine Ansicht. Lange konnte der Zustrom in geordneten Bahnen gehalten werden. Erst mit dem aufkommenden Massentourismus in den 1950/60ern wuchsen die Probleme, und wie in etlichen US-Nationalparks wird man auch in Alberta in der Hauptferienzeit bald nicht mehr ohne Zugangsbeschränkungen auskommen. Derzeit gehört der Park mit rund vier Millionen Besuchern im Jahr zu den meistbesuchten Naturschutzarealen in ganz Nordamerika. Der 6640 Quadratkilometer große Banff National Park, eine UNESCO World Heritage Site, ist ein Paradies für Wintersportler, wobei speziell die Region Lake Louise im Zentrum des Parks zu den fünf Top-Skigebieten der Welt zählt. Doch das Areal ist auch im Sommer viel besucht, Ziel von Wanderern, Climbern, Radlern und Campern, die die landschaftliche Vielfalt und die abwechslungsreiche Tier- und Pflanzenwelt schätzen.

Banff, das Tor zu den Rockies

Nach der Entdeckung der heißen Quellen und während des Eisenbahnbaus

Vor der grandiosen Kulisse der Rocky Mountains schimmert der türkisblaue Lake Louise noch beeindruckender. Kein Wunder, dass man den See nahe der Stadt Banff auch als »Jewel of the Rockies« bezeichnet.

1886 entstand das Städtchen Banff als Versorgungsstation am östlichen Zugang zum gleichnamigen Nationalpark. Dieser hat gerade im Winter seine Reize und macht die Region zu einem der besten Skigebiete der Welt.

entstand 1886 das Städtchen Banff als Versorgungsstation am östlichen Zugang zum Nationalpark. Auch hier rückte rasch der Fremdenverkehr in den Vordergrund; heiße Quellen und das Naturerlebnis in den Rockies lockten Erholungssuchende an. Der eigentliche Geburtsort des Parks ist die Cave & Basin National Historic Site im Südwesten der Stadt, denn hier war es, wo man die erste heiße Schwefelquelle entdeckt hatte. Die Siedlung entwickelte sich rasch zum beliebten Wintersportort und wurde zunächst vom Nationalpark verwaltet, 1990 dann der Selbstverwaltung unterstellt.

Das Stadtzentrum von Banff erstreckt sich nördlich des Bow River und südlich der Eisenbahnlinie. Die Hauptattraktion, das Banff Springs Hotel, thront über dem Südufer des Flusses. 1888 mit 250 Zimmern eröffnet, verfügt es heute über 800. Einst war es eines von insgesamt 26 Canadian-Pacific-Hotels, die alle zusammen über beachtliche 11 250 Zimmer verfügten. Damals kümmerten sich auch noch etwa 10 000 Angestellte um das Wohl der Gäste, die natürlich alle mit der Bahn anreisten.

Zu den Attraktionen der Stadt zählt das Banff Park Museum,das älteste Naturkundemuseum Westkanadas, und das Luxton Museum, das über Geschichte, Kunst, Kultur und Alltag der Indianer in der Region informiert. Über die geologische Entwicklung der Rockies erfährt man mehr im Natural History Museum. Das museale Highlight der Stadt ist jedoch das Whyte Museum of the Canadian Rockies. Dieses größte Privatmuseum Kanadas eröffnete 1968 und umfasst neben Kunstgalerien auch Archive und eine Bibliothek. Das zentrale Interesse gilt der Geschichte und Kultur der Canadian Rockies, basierend auf der großen Sammlung der beiden Künstler Peter und Catharine Whyte.

Einen fantastischen Überblick über die ganze Region erhält man im Süden der Stadt während einer Fahrt mit der Sulphur Mountain Gondola, einer Kabinenbergbahn, auf die Spitze des Sulphur Mountains. Auf diesem mit 2270 Metern höchsten Berg der Region gibt es ein Aussichtsplateau, einen Boardwalk und ein Restaurant.

Lake Louise, »Jewel of the Rockies«

Wer am Ufer des türkisfarbenen Lake Louise steht und den Blick auf die schneebedeckten Berge im Hintergrund und auf das schlossartige Château Lake Louise im Vordergrund richtet, versteht, warum man den Bergsee als »Jewel of the Rockies« bezeichnet. Das etwa eine Autostunde nordwestlich von Banff gelegene Gewässer und der gleichnamige Ort am Südende des mächtigen Victoria Glacier, zählen mit Abstand zu den fotogensten Motiven der Welt.

Zahllose Trails winden sich um den See und weiter hinein ins Hinterland, so der rund dreieinhalb Kilometer lange Lake Agnes Trail oder – Minimalprogramm für Besucher – der Ein-Kilometer-Pfad zum Fairview Plateau. Schwimmen im See ist lediglich etwas für Polarbären, denn selbst im Hochsommer steigen die Wassertemperaturen kaum über sechs Grad an, weshalb man lieber aufs Kanu ausweichen sollte.

Wie ein Märchenschloss thront Château Lake Louise, eines der legendären Canadian-Pacific-Hotels, am Seeufer. Es

wurde 1890 erbaut und lebt von seiner einmaligen Lage. Doch auch der benachbarte Ort ist für den touristischen Ansturm gewappnet, hat Unterkünfte, Shops und Restaurants in Hülle und Fülle zu bieten. Mitten im Zentrum bringt der Lake Louise Sightseeing Lift Besucher auf den 2034 Meter hohen Mt. Whitehorn, von dessen Spitze sich ein atemberaubender Blick auf das Bow River Valley und die Rockies eröffnet.

Das Fenster in die Wildnis

»Window to the Wilderness« heißt die wohl schönste Gebirgsstrecke Kanadas, der 230 Kilometer lange Icefields Parkway. Obwohl gut ausgebaut, geht es auf ihm nur langsam voran, da hohe Pässe und zahlreiche Kurven zu bewältigen sind. Im Sommer können Staus und überfüllte Parkplätze das Weiterkommen zusätzlich erschweren, im Winter – gelegentlich bis hinein in den Mai und schon ab September – ist mit schneebedingten Sperrungen zu rechnen. Der Icefields Parkway beginnt als Highway 93 in Lake Louise und verbindet den Banff National Park mit dem Jasper National Park.

Die Straße erschließt das beliebteste Touristenziel des gesamten Westens: die »Canadian Rocky Mountains Region«, die Top-Skiregion mit den Orten Banff und Jasper als Knotenpunkten. Von Unberührtheit und Stille kann in der grandiosen Berglandschaft kaum mehr die Rede sein, zumindest nicht an Wochenenden und zu Ferienzeiten. Meistbesuchte Attraktion ist der Athabasca Glacier, Teil des 300 Quadratkilometer umfassenden Columbia Icefields, von dem Flüsse gespeist werden, die kurioserweise in drei verschiedene Ozeane fließen: ins Nordpolarmeer (Norden), den Atlantik (Osten) und den Pazifik (Westen).

DIE FAIRMONT BANFF SPRINGS

Das altehrwürdige Hotel Château Lake Louise besticht vor allem durch seine Lage, doch das Banff Springs Hotel nennt sich zu Recht »Castle of the Rockies«. Es ist ein prächtiges Schloss, 1888 als eines von insgesamt 26 Canadian-Pacific-Hotels & Resorts eröffnet und seither mehrmals erweitert und modernisiert. Heute zur Fairmontkette gehörig, verfügt die Luxusherberge über 800 Zimmer, mehrere Restaurants, rund 50 Shops, ein Mineral-Spa, ein Konferenzzentrum und einen Golfplatz.

Informationen: www.fairmont.com/banffsprings, Tel. 403-762-2211

Traumhafte Zugfahrt:

Zu den beeindruckendsten Zugfahrten der Welt gehört die Fahrt mit dem Rocky Mountaineer von Vancouver über die Rockies nach Calgary.

Informationen: www.rockymountaineer.com (auch von Deutschland aus buchbar)

WEITERE INFORMATIONEN

Websites: www.canadianrockies.com, www.icefieldsparkway.ca

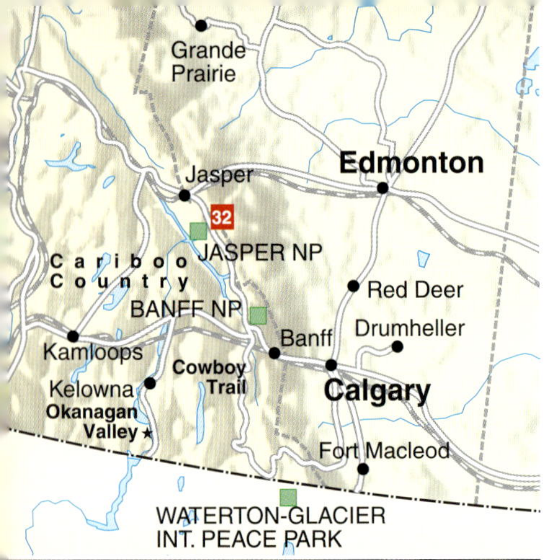

32 Jasper National Park

Berge und Wälder, heiße Quellen und klare Seen

Der Jasper National Park steht demjenigen um Banff, was das breite Angebot an Outdoor-Aktivitäten und die beeindruckende Bergkulisse angeht, in nichts nach. Er ist jedoch größer, weniger überlaufen und spärlicher erschlossen als sein südlich angrenzender Nachbarpark. Seinen Namen hat er Jasper Hawes zu verdanken, der hier im 19. Jahrhundert einen Handelsposten der North West Company unterhielt.

Während der Banff National Park vielfach überlaufen ist, wird der nördlich angrenzende Jasper National Park weit weniger frequentiert, weswegen sich auch Bighorn-Schafe, Kojoten und Rotwild noch wohler fühlen.

Folgt man dem Icefields Parkway (Hwy. 93) vom Banff National Park aus nach Norden, erreicht man nach Überquerung des 2035 Meter hohen Sunwapta Pass den Jasper National Park. Erster Höhepunkt an der Route ist das Columbia Icefield. Abgesehen von den mächtigen Gletschern, die sich in diesem Rockies-Areal ausbreiten, ragen hier auch einige der höchsten Gipfel der kanadischen Rocky Mountains, zum Beispiel der 3684 Meter hohe North Twin Peak oder der Mt. Columbia (3747 m), empor.

Das etwa 325 Quadratkilometer große Gletschergebiet, das pro Winter bis zu sieben Meter Schnee erhält, liegt im Süden des mit 10 878 Quadratkilometern größten kanadischen Naturparks der Rockies. Das Columbia Icefield gilt als eines der größten Eisfelder südlich des Polarkreises mit einer Stärke zwischen 100 und etwa 350 Metern. Auf dem Gebiet sind acht große Gletscher, darunter der Athabasca-, der Castleguard-, der Columbia- oder der Saskatchewan-Gletscher zu finden. Jasper ist jedoch mehr als bloß ein Berggipfel mit Eis und Schnee. Heiße Quellen, Seen, Wasserfälle und eine vielseitige Flora und Fauna – selbst Grizzlybären kann man beobachten – kennzeichnen ebenfalls die Landschaft, die 1907 als Schutzgebiet ausgewiesen, 1930 zum Nationalpark und 1984 zur UNESCO World Heritage Site erklärt wurde.

Treff der Naturfreunde

Mitten im Naturschutzgebiet liegt als wichtiges Versorgungs- und Verkehrszentrum sowie Tor in den Nationalpark der Ort Jasper. Besonders im Sommer ist hier einiges los, nicht nur wenn im zentral gelegenen Bahnhof der »Canadien«, der einzige Überlandzug zwischen Vancouver und Toronto, dreimal die Woche Station macht. Jasper liegt auch am Yellowhead Highway, neben dem Trans Canada Highway eine der wichtigsten Überlandstrecken im Westen, die Winnipeg im Osten mit der Hafenstadt Prince Rupert im Westen verbindet.

Jasper selbst bietet abgesehen von der kleinen Hauptstraße nicht allzu viel. Der Ort hatte erst nach der Einrichtung des Parks, vor allem aber nach dem Bau der Eisenbahnstrecke 1911 sowie der Errichtung eines Postens der Mounties im Jahr 1914 einen Aufschwung erlebt. Dafür locken in der näheren Umgebung zahlreiche Seen wie Lake Edith, die Pyramid Lakes oder der Maligne Lake, der zweitgrößte Gletschersee der Welt. Im Umland von Jasper befinden sich zudem einige Skigebiete wie Marmot Basin, wo – meist ohne großen Andrang – Langlauf, Abfahrt, Heli-Skiing, Snowmobiling oder Snowboarding möglich sind. Im Sommer sind eher Aktivitäten wie Reiten, Angeln, Whitewater Rafting auf dem Maligne River, Wandern oder Jagen angesagt.

Wenige Kilometer südlich des Ortes befindet sich die Jasper Tramway. Diese Seilbahn führt hinauf auf den 2277 Meter hohen Whistler Mountain. Oben befindet sich ein Interpretive Centre mit Ausstellung zur alpinen Landschaft und ein Restaurant, lohnend ist jedoch allein die Aussicht. Ein Jahr nach der Palm Springs Aerial Tramway in Kalifornien entstanden, ist sie die zweitälteste »Cable Car Tramway« Nordamerikas, 1964 von einer Kölner Firma gebaut. Ein kurzer Fußweg führt von der Seilbahnstation zum bis in den Frühsommer schneebedeckten Gipfel des Whistler Mountain.

Der geheimnisvolle Maligne River

Der Maligne Lake und der gleichnamige Canyon, knapp 30 beziehungsweise 50 Kilometer südöstlich der Stadt gelegen, sind einen Abstecher wert. Der Maligne Canyon bietet eine spektakuläre Aussicht, und Lauffreudige können auf einem Trail in rund einer Stunde tiefer in die Landschaft eintauchen. Der Maligne River fließt durch den gleichnamigen See und in den Medicine Lake, der eigentlich gar kein See ist. Vielmehr wird der Fluss hier wie vor dem engen Abfluss einer Badewanne aufgestaut, ehe er langsam in einem der größten unterirdischen Flusssysteme weiterfließt und einige Kilometer weiter nördlich dann überraschend wieder an der Oberfläche auftaucht.

SPEKTAKULÄRE FAHRT AUF DEM YELLOWHEAD HIGHWAY

Auf dem Yellowhead Highway (Hwy. 16) über den 1131 Meter hohen Yellowhead Pass verlässt man den Jasper National Park Richtung Westen. Die Straße führt von Winnipeg über Saskatoon, Edmonton und Prince George nach Prince Rupert an der Pazifikküste und endet auf den Queen Charlotte Islands. Mit 2652 Kilometern Länge stellt diese Straße neben dem Trans Canada Highway die zweitwichtigste Route im Westen dar. Der Name der Straße erinnert an ein Irokesen-Halbblut namens Pierre Bostonais, der wegen seiner blonden Haare »Tête Jaune«, »Blondschopf« oder »Yellowhead« genannt wurde und um 1800 als Pelzhändler und Trapper der North West Company den nach ihm benannten Pass erkundet hatte.

Informationen: www.yellowheadit.com

WEITERE INFORMATIONEN

Websites: www.jaspernationalpark.com, www.pc.gc.ca/eng/pn-np/ab/jasper/index.aspx

Nicht nur Skifahrer finden in den kanadischen Rocky Mountains ein Paradies vor, auch Schneeschuhlaufen ist auf dem zugefrorenen Lake Louise ein besonderes Erlebnis.

Edmonton ist eine Stadt der Superlative, nicht nur wegen des größten Einkaufszentrums der Welt. Es gilt zugleich als »Gateway to the North«, als Zugangstor zur endlosen Wald- und Seentundra im Norden Albertas.

33 Edmonton

Kanadas Stadt der Superlative

Edmonton ist das »Gateway to the North«, der Zugang zu einer endlosen Wald- und Seentundra im Norden Albertas. Und es ist eine Stadt der Superlative: Hier befindet sich das größte Einkaufszentrum der Welt, und das erste IMAX Theatre Westkanadas wurde hier eröffnet. Edmonton gilt als freundlichste Stadt Kanadas und es war die erste Großstadt in Nordamerika, die die Straßenbahn wiederbelebte. Außerdem stammt die Sängerin k.d. lang von hier.

Wie für viele kanadische Städte des Westens typisch, hat auch Edmonton kein »Weichbild«. Bei Annäherung an die Stadt tauchen einer Fata Morgana gleich am Horizont der Prärie unvermittelt vielgeschossige Apartmenthäuser und Wolkenkratzer auf. Ehe man sich versieht, befindet man sich im Stadtzentrum. Touristisch gesehen steht Edmonton seit jeher, unberechtigterweise, im Schatten von Calgary. Und dabei fungiert die sechstgrößte Stadt Kanadas nicht nur als Ausgangspunkt in die nördlich gelegene Wald- und Seentundra, sondern kann auch auf ihre verkehrsgünstige Lage mitten in der Provinz, am Yellowhead Highway (Hwy. 16) beziehungsweise an der VIA-Rail-Strecke zwischen Vancouver und Toronto verweisen. Hinzu kommt, dass die Hauptstadt von Alberta mit ihren rund 730 000 Einwohnern eine Reihe von Sehenswürdigkeiten zu bieten hat und als »Canada's Festival City« gilt.

Das größte Einkaufszentrum Nordamerikas

Hauptattraktion der Stadt ist die 1981 eröffnete West Edmonton Mall, kurz »WEM«, als »achtes Weltwunder« bezeichnet und architektonisch gelungen. Hier befindet sich der weltgrößte Parkplatz für 20 000 Fahrzeuge. Es gibt mehr als 800 Läden, 100 Lokale und zwei Hotels. Mit seinen 570 000 Quadratmetern bildet der Entertainment- und Shoppingkomplex eine Stadt in der Stadt, zu der unter anderem ein Vergnügungspark namens Galaxyland, der World Waterpark unter einer 16 Stock hohen Glaskuppel, der Ice Palace, eine Eislaufbahn, ein Aquarium, ein Minigolfplatz und der Nachbau der »Santa Maria« gehören. Mit jenem Segelschiff war Kolumbus einst in die Neue Welt gekommen. Der gesamte WEM-Komplex ist mit 23 000 Arbeitsplätzen und zwischen 60 000 und 150 000 Besuchern täglich beziehungsweise um die

Edmonton ist heute eine moderne Stadt, reich geworden durch Ölfunde, es ist aber auch die Heimat der 1981 eröffnete West Edmonton Mall (rechte Seite außen), kurz »WEM« genannt. Dieses Einkaufszentrum wird auch als »8th Wonder of the World« bezeichnet.

28 Millionen pro Jahr ein wichtiger Wirtschaftsfaktor der Stadt.

»Oil Capital of Canada«

Im Jahr 1795 konkurrierten in der Region des heutigen Edmonton – wie im ganzen nordamerikanischen Westen – die North West Company (NWC) und die Hudson's Bay Company (HBC) um den lukrativen Pelzhandel. Beide Unternehmen errichteten in unmittelbarer Nähe ihre Handelsposten. Die HBC nannte ihren Posten Fort Edmonton und kontrollierte nach dem Zusammenschluss der beiden Firmen im Jahr 1821 allein die Geschäfte mit Cree- und Blackfoot-Indianern. So entwickelte sich Fort Edmonton zu einem Handelszentrum und zur Hauptstation auf dem Weg in den Norden und an den Pazifik.

Erst ab den 1870ern setzte die Besiedelung des Areals rings um das Fort ein, und 1892 zählte der Ort rund 700 Einwohner. Zum wahren Boom kam es jedoch erst 1897, als der Goldrausch von Klondike scharenweise Goldgräber in den Norden lockte. Edmonton entwickelte sich zur Versorgungsstation auf dem Weg über die »All Canadian Route« ins Yukon Territory. Als Edmonton 1904 das Stadtrecht erhielt, war die Stadt schon auf 9000 Seelen angewachsen, und bereits ein Jahr später folgte die Ernennung zur Hauptstadt der neuen Provinz Alberta.

Nachdem 1928 ein regelmäßiger Post- und Passagierservice mit Flugzeugen zwischen Calgary, Regina und Edmonton eingerichtet worden war, avancierte Edmonton zum »Gateway to the North«. Der Bau des Alaska Highway 1942 förderte die Entwicklung zum Transport- und Versorgungszentrum im Westen zusätzlich, doch dann brachte ein einschneidendes Ereignis alles durcheinander: Die 1947 gemachten Ölfunde im 40 Kilometer südwestlich gelegenen Leduc machten Edmonton quasi über Nacht zur »Oil Capital of Canada«.

Moderne Wolkenkratzer und historische Glanzstücke

Moderne Wolkenkratzer und das Alberta Legislature Building dominieren heute die Skyline Edmontons, auf die man vom südlichen Ufer des North Saskatchewan River den besten Blick hat. Moderne Architektur prägt das Bild, doch beim Spaziergang durch die Innenstadt stellt man fest, dass die Stadt auch sehenswerte historische Bauten wie das imposante Hotel Macdonald von 1915 vorzuweisen hat. Angesichts der kalten Winter gehören auch in Edmonton die teils ober-, teils unterirdischen Verbindungsgänge zwischen Bürohochhäusern und Einkaufszentren zu den wegweisenden architektonischen Errungenschaften.

Unbedingt sehenswert ist das Alberta Legislature Building. Der Verwaltungsbau wurde zwischen 1907 und 1912 aus Vancouver-Granit, Sandstein aus Calgary, Marmor aus Québec, Material aus Pennsylvania und sogar Italien erbaut. Auffälligster Bau ist die City Hall, die 1992 in Gestalt einer achtstöckigen Glaspyramide entstand. Gleich gegenüber liegt die Edmonton Art Gallery. Der Schwerpunkt dieses 1923 gegründeten Kunstmuseums liegt auf zeitgenössischer und historischer kanadischer Kunst.

Zu den spektakulären Sehenswürdigkeiten der Stadt gehört das Muttart Con-

servatory. Die vier weithin sichtbaren, miteinander verbundenen Glaspyramiden dieses Botanischen Gartens auf der Südseite des North Saskatchewan River bilden einen fantastischen Kontrast zum grünen Flusstal und geben den Blick auf die Skyline der Stadt frei. Im Provincial Museum of Alberta lohnt besonders die Ausstellung über die Indianer, während der am Südwestrand der Stadt gelegene Fort Edmonton Park mit dem Nachbau des Handelspostens der HBC und dem Museumsdorf Old Edmonton an die Gründertage erinnert.
Old Strathcona entstand 1891 mit der Ankunft der Calgary-Edmonton-Railroad am Südufer des North Saskatchewan River. 1912 wurde das Präriestädtchen eingemeindet, und heute bildet das restaurierte Zentrum ein lebhaftes, buntes Areal mit Läden, Cafés, Kinos und Theater sowie einem empfehlenswerten Farmers' Market.

»The Great One«

1978 sorgte ein 17-jähriger blonder junger Eishockeyspieler mit der lokalen Profimannschaft, den Oilers, erstmals für Aufsehen. Sein Name war Wayne Gretzky, und er sollte zum bedeutendsten Eishockeyspieler aller Zeiten werden. Noch heute wird er in Edmonton als »The Great One« verehrt. Die Mannschaft, die er in den 1980ern prägte, bleibt unvergessen. Schnelles, pass- und offensiv-orientiertes Eishockey, eine Mischung aus kanadischer und europäischer Spielweise, galt als Markenzeichen der Oilers um Gretzky und Stars wie Mark Messier und Jari Kurri und zeigt bis heute Auswirkungen. Viele Profiteams versuchen vergeblich das Erfolgsrezept des Meisters von 1984, 1985, 1987, 1988 und 1990 zu kopieren – allerdings träumen heute selbst die Oilers und ihre Fans von diesen Glanzzeiten. Derzeit kommen die Oilers über das Mittelmaß nicht hinaus.

MUSEUM DER EXTRAKLASSE

Das in Wetaskiwin, etwa 70 Kilometer südlich von Edmonton gelegene Reynolds-Alberta Museum (www.machinemuseum.net) bietet einen Einblick in die Geschichte von Verkehr, Landwirtschaft und Industrie Westkanadas. Veranstaltungen, Demonstrationen und interaktive Ausstellungsstücke sind ebenso Teil des modernen Museumskomplexes wie ein eigener Flugzeug-Hangar, Sitz der Canada Aviation Hall of Fame. Den Schwerpunkt bilden alte Fahrzeuge – wie ein 1929er Duesenberg Phaeton Royale, ein Ford Model T oder ein Cadillac Touring Car Model F von 1905 – und landwirtschaftliche Geräte, zurückgehend auf die Sammlung des lokalen Geschäftsmanns Stan Reynolds.

WEITERE INFORMATIONEN

Canadian Tourism Commission,
c/o Lange Touristik-Dienst,
Eichenheege 1-5, 63477 Maintal,
Hotline Tel. (01805) 526232,
E-Mail: canada-info@t-online.de
Websites: www.discoveredmonton.com
bzw. www.travelalberta.com,

Ob das angeblich im Okanagan Lake (rechte Seite) lebende Seemonster »Ogopogo« auch Weinliebhaber ist? Immerhin gilt die Region um den See als das beste Weingebiet Kanadas. Die Weine von dort genießen weltweit hohes Ansehen.

34 Okanagan Valley

Vom Seeungeheuer und von edlen Tropfen

Die drittgrößte kanadische Provinz British Columbia hat mehr zu bieten als nur Berge und Meer: Das klimatisch bevorzugte Okanagan-Tal beispielsweise gilt schon seit dem 19. Jahrhundert als Gemüse- und Obstkammer der Provinz. Das Städtchen Kelowna liegt im Herzen dieser Region, die inzwischen auch als Weinanbaugebiet für Furore sorgt, und ist als »City of Sunshine« ein beliebtes Reiseziel.

Mitten im südlichen British Columbia (BC) erstreckt sich über fast 250 Kilometer Richtung US-Bundesstaat Washington, von Enderby im Norden bis Osoyoos im Süden, das Okanagan Valley. Zusammen mit dem benachbarten Similkameen Valley entlang dem gleichnamigen Fluss zieht es sich zudem über 100 Kilometer in Nord-Süd-Richtung. Es bietet auf dieser Fläche grandiose Landschaften mit Flüssen, Canyons, Felsformationen, Grasland und – wegen der Trockenheit und der relativ hohen Temperaturen – mit wüstenähnlichen Flecken inklusive Klapperschlangen und Kakteen. Bekannt geworden ist das Tal vor allem aus zwei Gründen: als Weingebiet mit Tradition und gutem Ruf als Topweinproduzent, noch vor der zweiten angesehenen Weinbauregion in Südost-Ontario, sowie als Wohn- und Wirkungsort eines Seemonsters namens Ogopogo. Er soll im Lake Okanagan, neben Lake Kalamalka und Skaha einem der drei großen Seen in der Region, leben.

Ein adeliges Ungeheuer

Ungeheuerforscher der Prehistoric Harmless Underwater Newts (PHUN) wollen herausgefunden haben, dass im Okanagan Lake bei Kelowna das Seemonster Ogopogo tatsächlich existiert. Die PHUN hat bereits 1925 die berühmte »Nessie« im schottischen Loch Ness als »offizielles Ungeheuer« anerkannt. 1950 nahm die Gesellschaft dann als erstes kanadisches Monster die »Smiling Ottawa Sea Snakes« auf. Und nun Ogopogo, der sogar adeliger Herkunft und ein Abkömmling von »Nessie« sein soll. Wer das Gehirngespinst weiterspinnen möchte, auf den warten gute Prämien: Wer das Ungeheuer fängt, erhält eine Million Dollar Belohnung, und wer ein einwandfreies Foto liefert, bekommt immerhin noch 1000 kanadische Dollar! Ob deshalb so viele Besucher ins Okanagan Valley kommen? Doch zurück zur Realität: Das Okanagan Valley ist nicht nur landschaftlich beeindruckend und ein Paradies für Freizeitsportler aller Art, sondern zugleich attraktiv wegen seiner

Das Okanagan-Tal ist ein Garten Eden zwischen den Bergen. Hier werden die im ganzen Nordwesten begehrten Äpfel, Kirschen, Pfirsiche, Birnen, Pflaumen und Aprikosen ebenso kultiviert wie Weintrauben.

zahlreichen Veranstaltungen wie Regatten, Wein- und Erntefeste.

Ein Garten Eden zwischen den Bergen

Außer den im ganzen Nordwesten berühmten Äpfeln werden in diesem Garten Eden Kirschen, Pfirsiche, Birnen, Pflaumen und Aprikosen sowie Weintrauben angebaut. Besonders besuchenswert ist das Tal während der Blüte Ende April/Mai und während der Erntezeit. Entlang dem Highway 97 offerieren dann Bauern aus dem Umland an Obstständen oder auf Farmer's Markets in den Orten ihre lokalen Produkte.
Die Wurzeln der Landwirtschaft im Okanagan Valley reichen zurück bis zur Ankunft katholischer Missionare bei Mission Creek im Jahr 1860. Die Mönche hatten die Salish-Indianer davon überzeugt, dass ihre Mithilfe beim Aufbau landwirtschaftlicher Betriebe wichtig sei. An jene Zeit erinnert heute noch die Father Pandosy Mission in Kelowna. Später hatten dann Goldgräber und Viehzüchter das Sagen, doch nachdem Kelowna 1892 gegründet worden war und 1905 das Stadtrecht erhalten hatte, setzten Obst- und Tabakanbau in größerem Stil ein.

Edle Tropfen aus Kanada

Der Weinbau blühte erst in jüngerer Vergangenheit auf, obwohl bereits 1859 der erste Weinberg angelegt worden sein soll. Die Geburtsstunde der Weinindustrie in British Columbia schlug 1994, und zwar weit weg vom Land des Ahornblatts im fernen London. Als britische Weinkenner bei der angesehenen London Wine & Spirits Competition erfuhren, dass sie mit verbundenen Augen aus mehr als 300 der weltbesten Chardonnays einen »Mission Hill 1992 Okanagan Valley Grande Reserve Chardonnay« ausgewählt hatten, war die Überraschung groß.
Heute werden im Okanagan Valley hervorragende Tropfen produziert. Önologen aus kühlen Klimazonen nutzten die sich bietende Chance zum Neuanfang und stellten nützliche Beziehungen zu den Winzern der Alten Welt her. Die Verschmelzung der Errungenschaften alteingesessener Weinregionen mit neuen innovativen Techniken der Neuen Welt haben sich bewährt. Weinliebhaber können sich entlang der ausgeschilderten Okanagan Wine Route (Hwy. 97) – mit rund 25 Weingütern in einem 200 Kilometer-Umkreis, von Osoyoos im Süden bis Keremeos im Westen und Vernon im Norden – selbst von der Qualität der BC-Weine überzeugen. Gelegenheit dazu bieten überdies mehrere Weinfeste, wie das Spring Wine Festival Anfang Mai oder das Fall Festival Anfang Oktober.

Qualität statt Quantität

Seit jenem denkwürdigen Jahr 1994 stieg die Nachfrage nach den angenehm fruchtigen Weißweinen aus British Columbia enorm an. Neue Weingüter schossen wie Pilze aus dem Boden, und heute kommt kaum eine Getränkekarte in Kanada mehr ohne die edlen Tropfen aus BC aus. Wurden früher in erster Linie Sorten angebaut, die Weintrinkern unbekannt waren und dem Verschnitt dienten, ging man in den 1970ern und 1980ern wegen ihrer besseren klimatischen Eignung dazu über, europäische Traubensorten wie Riesling, Chardonnay,

Pinot Blanc, Ehrenfelser oder Bacchus anzupflanzen. Zudem setzte man zunehmend auf Qualität statt Quantität, und die Anbauflächen wurden um zwei Drittel reduziert.
Das Okanagan-Tal, rund vier Fahrtstunden von Vancouver entfernt, ist die Hauptanbauregion in BC, kleinere Weinbaugebiete sind auf Vancouver Island (Cowichan Valley, nördlich Victoria) und im Fraser Valley zu finden, außerdem wurde 1996 ein neues Anbaugebiet erschlossen, das vom Okanagan westwärts bis zur Sunshine Coast nördlich Vancouver und den Gulf Islands reicht.

Kamloops, das »Heart of the West«

Zwischen dem fruchtbaren Okanagan Valley im Süden und der Weite des Cariboo Country im Norden schiebt sich in Ost-West-Richtung der mächtige Thompson River, der weiter im Westen in den Fraser River mündet. Hier liegt Kamloops, das »Heart of the West«, malerisch am Zusammenfluss von South und North Thompson River, ein seenartiges Gebilde westlich der Stadt. Kamloops ist die größte Stadt im Südosten von British Columbia und berühmt wegen der alljährlich von August bis Oktober stattfindenden Wanderung der Sockeye Salmons, einer der größten Lachszüge der Welt.
Daneben ist Kamloops nicht nur wichtiges Versorgungszentrum und Eisenbahnknotenpunkt, es gilt wegen der vielen Sonnentage auch als »Canadas Sunshine Capital«. Das ansehnliche Städtchen, in dem sich Cowboys genauso sehen lassen wie Weinliebhaber, lohnt nicht nur wegen der schönen Umgebung, es ist ein idealer Ausgangspunkt sowohl für eine Reise ins Weinland im Okanagan Valley als auch für die Fahrt in den Norden.

LAKESIDE COUNTRY INN

Ein empfehlenswertes Standquartier am westlichen Stadtrand von Kamloops ist der »Lakeside Country Inn«, ein kleines, familiär geführtes Hotel, schön am zum Kamloops Lake aufgestauten Thomspon River gelegen. Es bietet vielerlei Freizeitmöglichkeiten (Boote, Angeln, Wandern) und ein weitläufiges Areal zum Ausruhen, Grillen, Sonnen und Baden. Hübsche, saubere Zimmer mit Kochnische, Balkon und Seeblick machen den Aufenthalt angenehm und die Besitzer, Margaret (spricht Deutsch) und Don Sherman sind gute Gastgeber.
Informationen: Lakeside Country Inn, 7001 Savona Access Rd., Savona (Kamloops/BC), Tel. 001-250-373-2528; Apartments ab CAN $ 80, www.lakesideinn.bc.ca
Infos zu Wineries und Touren: www.okanaganwine.ca und www.bcwine.ca

WEITERE INFORMATIONEN

Websites: www.okanagan.com und www.okanagan-bc.com

Das Cariboo Country im Herzen der Provinz British Columbia ist ein vielseitiger Landstrich: Hier gibt es Ranches, Cowboys und Cowgirls, aber vor allem sind Wälder, Seen und viel unberührte Natur zu entdecken.

35 Cariboo Country

Wälder, Seen und unberührte Natur

Das Cariboo Country im Herzen der Provinz British Columbia erstreckt sich westwärts bis zur Pazifikküste hin und reicht ostwärts fast an die Nachbarprovinz Alberta heran. Im Süden bildet das Okanagan Valley die Grenze, im Norden der Skeena River. Der Schwerpunkt der Besiedelung konzentriert sich entlang dem Cariboo Trail, dem Highway 97. Ansonsten steht hier die fast unberührte Wildnis an erster Stelle.

Der Highway 97 zieht sich auf seinem Weg von Kamloops nach Prince George auf fast 500 Kilometern durchs Cariboo Country und erinnert an den historischen Gold Rush Trail. Er führt durch einsame hügelige Wald- und Seenlandschaft, abschnittsweise entlang dem Fraser River, vorbei an etlichen interessanten Punkten. 1793 war mit Alex Mackenzie der erste Weiße im Land aufgetaucht, damals hatte jedoch noch niemand geahnt, dass es mit der Ruhe bald vorbei sein würde.

Als nämlich Mitte des 19. Jahrhunderts im Hinterland von British Columbia (BC) erste Goldfunde gemacht wurden, setzte ein Zustrom an Glückssuchenden in jener Region ein, in der zuvor die Ureinwohner friedlich mit ein paar Pelzhändlern gelebt hatten.

Die Situation verschärfte sich mit Funden am Fraser River 1858 und als vier Jahre später ein gewisser Billy Barkers am Williams Creek Gold fand. Über 10 000 Glücksritter pilgerten ins Cariboo Country, ihnen folgten Farmer und Holzfäller, die bis heute noch die Hauptstützen der Wirtschaft bilden.

Das Tor zum Cariboo Country

Cache Creek, das Tor zum Cariboo Country, ist in erster Linie ein wichtiger Versorgungspunkt an der Abzweigung des Cariboo Trail (Hwy. 97) vom Trans Canada Highway. Die nahe gelegene Hat Creek Ranch war 1862 als Roadhouse (Wegelager) am Cariboo Trail entstanden. Später diente das Gebäude als Kutschenstation, und im Laufe der Zeit wurde Viehzucht wichtig. Die heute renovierte Anlage stellt eine sehenswerte Mischung aus Ranchbetrieb mit Angeboten wie Reiten, Planwagenfahrten oder Wanderungen und dem Living History Museum dar.

Clinton ist die erste größere Stadt auf dem Highway 97 nordwärts und hieß ursprünglich nach dem entsprechenden Meilenstein 47 Mile House. Heute ist das »Guest Ranch Capital of BC« eine beliebte Urlaubsregion und ein Reiterparadies. Weiter Richtung Norden geht es

zunächst durch Farmland, bevor man das Hochplateau mit Wäldern und Seen erreicht und die Einwohnerdichte enorm abnimmt.
Zu den größeren Orten gehören 70 Mile House, 100 Mile House und 108 Mile Ranch mit ihren zwei Resorthotels, Lac La Hache, die angeblich »Longest town in the Cariboos« und 150 Mile House. Das nahe gelegene Williams Lake zählt beachtliche 15 000 Einwohner und ist rund 550 Kilometer von Vancouver entfernt. Der malerisch mitten in den Bergen und an einem kleinen See gelegene Ort wurde 1845 nach Chief William benannt, dessen Shuswap-Indianer den Siedlern stets freundlich gesonnen waren.

»Way out West«

Von Williams Lake führt der sogenannte Freedom oder Chilcotin Highway (Hwy. 20) auf über 440 nicht durchgehend geteerten Kilometern westwärts entlang dem Chilcotin River bis nach Bella Coola an der Pazifikküste. »Way out West« nennt man diesen kaum erschlossenen und wenig besuchten Westteil des Cariboo Country, in dem unter anderen der Tweedsmuir Provincial Park ambitionierte Outdoor-Fans anzieht. Bella Coola, auch mit BC Ferries erreichbar, geht auf eine alte Indianersiedlung zurück. Hauptattraktion ist der Mackenzie Rock, auf dem sich der Entdecker bereits 1793 mit Namen und Datum verewigte.
Zurück auf dem Cariboo Trail erreicht man Quesnel, den schönsten Ort im Cariboo Country, mit der weltgrößten Goldwaschpfanne oder dem Riverfront Trail. Dort sind historische Marker entlang Fraser und Quesnel River aufgestellt. Bevor man Prince George, BCs Northern Capital, Holzwirtschaftszentrum und Standpunkt für Trips in den hohen Norden und Westen erreicht, lohnt ein Abstecher nach Barkersville. Dort lädt eines der besten Living-History-Museen Kanadas ein: ein rekonstruierter Goldgräberort aus den 1870ern mit 125 Einzelbauten und einem Mining Museum. Benannt wurde der Ort nach William Barker, der hier 1862 Gold fand und so einen Goldrausch auslöste.

COWBOY AUF ZEIT

Der Traum vom Cowboy oder -girl auf Zeit lässt sich für jedermann erfüllen. Zahlreiche Ranches in vielen Teilen Nordamerikas haben sich auf diese besondere Art des »Urlaubs auf dem Bauernhof« spezialisiert, und gerade im Cariboo Country gibt es eine größere Auswahl. Hier kann man nicht nur bei Ausritten die Landschaft hautnah erleben, sondern es wird neben Reiten ein breites Spektrum an weiteren Freizeitmöglichkeiten angeboten. Die Unterkünfte reichen von rustikalen Blockhütten über Zimmer in den Ranchhäusern bis hin zu luxuriösen Resorts. Einige der Ranches kann man auch über einen deutschen Veranstalter buchen:
Argus Reisen, Alte Dorfstraße 44 a, 37120 Bovenden, Tel. (05594) 930930, www.argusreisen.de
Informationen: www.bcguestranches.com

WEITERE INFORMATIONEN

Website: www.landwithoutlimits.com

Urlaub auf einer der zahlreichen Ranches ist eine Möglichkeit, das Cariboo Country kennenzulernen. Wer jedoch die Einsamkeit liebt, entscheidet sich besser für eine Paddeltour auf einem der Seen wie dem Clearwater Lake.

Schon vor rund 2000 Jahren jagten im Süden Albertas prähistorische Indianer Bisons und verewigten ihre Erlebnisse als Ritzzeichnungen in Sandsteinfelsen.

36 Writing-On-Stone Provincial Park

Hoodoos und Petroglyphen der Ureinwohner

Der 1957 ins Leben gerufene Writing-On-Stone Provincial Park liegt bei Milk River mitten in den kanadischen Badlands, im Süden Albertas nahe der US-Grenze. Das nur knapp 18 Quadratkilometer große Areal fällt wegen seiner ungewöhnlichen Landschaft mit steilen Sandsteinklippen und Hoodoos, markanten Sandsteintürmchen, auf. Es ist ein seltsam geformtes Tal, das die hier siedelnden Blackfoot seit jeher als Sitz der Geister verehren. Dies belegt die hier gefundene, größte Konzentration von Felsmalereien der Prärie-Indianer.

In den weichen Felswänden wurden an mehr als 50 Stellen Zeugnisse der Ureinwohner gefunden: Petroglyphen (Felsritzungen) und Piktogramme (Felsbilder). Schon vor rund 2000 Jahren jagten hier prähistorische Indianer Bisons und fertigten erste Felsbilder. Um 1730 mit der Kenntnis von Pferd, Waffen und Metall änderten sich die Lebensweise und damit auch die Zeichnungen. Wegen seiner Bedeutung wurde der Park 1977 zur »Archaeological Preserve« und 2005 zur National Historic Site erklärt.

INFORMATIONEN: www.albertaparks.ca

Heute eine karge »Mondlandschaft«, früher ein Dschungel mit Dinosauriern.

37 Drumheller

Im Land der Dinosaurier

Die kanadischen Badlands breiten sich im Osten der Metropole Calgary vom Städtchen Drumheller bis nach Saskatchewan im Osten und in die USA südwärts aus. Sie entstanden durch das Schmelzwasser der schwindenden Gletscher, nachfolgende Erosion und Auswaschung der Flussbetten. Es kamen so im Sandstein ungewöhnliche Steinformen wie die sogenannten Hoodoos, Felspfeiler und andere kuriose Formationen, Abbruchkanten und bunte Schichtungen zustande. Man möchte kaum glauben, dass diese karge Mondlandschaft einmal ein Dschungel mit Dinosauriern war. Entlang dem Red Deer River fand man Reste von 35 verschiedenen Arten, und Drumheller gilt als Zentrum einer der ergiebigsten Fossilienregionen der Welt. Einen fesselnden Blick in die Vergangenheit bietet das Royal Tyrell Museum of Palaeontology. Auf den Spuren der Archäologen wandelt man dagegen im Dinosaur Provincial Park (etwa zwei Autostunden südöstlich von Drumheller).

INFORMATIONEN: www.tyrrellmuseum.com und www.albertaparks.ca

38 Head-Smashed-In Buffalo Jump

Wo Bisons in die Tiefe stürzten

Fort Macleod im Süden Albertas wurde im Jahr 1873 als Posten der legendären »Mounties« gegründet. Der historische Kern des Städtchens wurde 1984 unter Denkmalschutz gestellt. 20 Kilometer nordwestlich dieses ehemaligen Polizeipostens liegt Head-Smashed-In Buffalo Jump, für die dort ansässigen Blackfoot-Indianer noch heute ein heiliger Ort. Der Ort wurde mittlerweile zur UNESCO-Weltkulturerbestätte erklärt und markiert einen der ältesten, größten und besterhaltenen Bison-Jagdplätze der Ureinwohner in der westlichen Prärie.

Über 6000 Jahre lang wurden an dieser Stelle Bisonherden über einen Geländeabbruch getrieben.
Der Sturz war tödlich, und die riesenhaften Tiere wurden gleich vor Ort, verbunden mit kultischen Zeremonien, zerlegt und verarbeitet.
Im Besucherzentrum und auf Trails erhält man Informationen über Indianer und Jagd, Flora und Fauna der Prärie, Geologie und Archäologie des südlichen Alberta.

INFORMATIONEN:
www.head-smashed-in.com

»Head-Smashed-In Buffalo Jump« ist für die Blackfoot-Indianer ein heiliger Ort.

39 Cowboy Trail

Der Wilde Westen lebt!

Süd-Alberta, die Region zwischen Rocky Mountains und den beiden Metropolen Edmonton und Calgary ist das Land der Cowboys, der Rodeos, der Rinderherden und der weiten Prärie. Hier lebten einst Bankräuber wie Sundance Kid. Hier war der erste schwarze Cowboy Albertas, John Ware, zu Hause, und hier gab und gibt es große Ranches. Begonnen hatte alles mit einem Methodistenprediger namens John McDougall: 1873 hatte er Vieh von Fort Edmonton zur Mission in Morleyville am Bow River getrieben und hier die erste Ranch gegründet.

Heute quert der sogenannte Cowboy Trail diese Region. Gut 700 Kilometer verläuft er entlang dem Highway 22 von Mayerthorpe im Nordwesten Albertas über Calgary bis zum Waterton Lakes National Park im Süden der Provinz. Die Route streift einerseits die Ausläufer der Rocky Mountains, andererseits geht sie durch das sich ostwärts erstreckende Prärieland. Es ist eine Agrar- und Naturregion mit kleinen Old West Towns sowie Ranches, die teils auch Besucher aufnehmen.

INFORMATIONEN: www.thecowboytrail.com

Süd-Alberta ist das Land der Cowboys, der Rodeos und der Rinderherden.

Die Lage zwischen Pazifikküste und Küstenbergen prägt den kanadischen Westen. Größte Stadt ist hier Vancouver (Mitte), doch trotz aller Moderne sind auch Spuren der Ureinwohner (unten) omnipräsent.

Pazifikküste und hoher Norden

Vancouver – dank seiner Lage und Skyline eine der schönsten Metropolen Nordamerikas – ist eine Stadt, die kanadische, europäische, amerikanische und asiatische Elemente in sich vereint und deren Bewohner als tolerant und offen, freundlich und relaxt gelten.

40 Olympiastadt Vancouver

»Spectacular by Nature«

»Beautiful BC« steht auf den Autokennzeichen der drittgrößten Provinz Kanadas, und »Spectacular by Nature« lautet das Motto Vancouvers. Es gibt kaum eine schönere Stadt in Nordamerika. Malerisch eingebettet zwischen Wäldern und tiefblauen Fjorden und überragt von hohen, fast ganzjährig schneebedeckten Bergen wohnt ihr ein eigenes Flair inne, das sich seit den Olympischen Winterspielen 2010 in der ganzen Welt herumgesprochen hat.

Vancouver ist eine Stadt, die kanadische, europäische, amerikanische und asiatische Elemente in sich vereint und deren Bewohner als tolerant und offen, freundlich und relaxt gelten. Es ist eine Traumstadt mitten in einem Naturparadies, der man, einmal eingetaucht, kaum anmerkt, dass sie inzwischen die drittgrößte Stadt Kanadas mit dem größten Hafen des Landes, ja sogar an der gesamten nordamerikanischen Westküste, ist. Trotz aller Geschäftigkeit und Größe, ungeachtet aller Zuwanderer und Touristen, hat sich Vancouver seine Sauberkeit und Sicherheit erhalten und ist noch dazu in Kanada für hohen Lebensstandard und Lebensqualität bekannt. Von dem herrschenden Optimismus und der Lebensfreude zeugt auch der Weinumsatz: Er ist der größte in ganz Nordamerika, und es existiert eine ethnisch überaus vielseitige und lebhafte Kultur-, Kunst-, Lokal- und Café-Szene.

»Canada's Doorway to the Orient«

Über zwei Millionen Menschen leben im Großraum Vancouver, etwa 580.000 in der Stadt, der Rest verteilt sich auf zwölf Vorstädte. Die Region Vancouver gilt als reichste in ganz Kanada, und British Columbia ist dank der regen Handelsbeziehungen zu Asien die wirtschaftlich bedeutendste Provinz im Westen.
»Canada's Doorway to the Orient« nennt man Vancouver, und im Stadtbild fallen die vielen asiatischen Gesichter auf.
Ihr zentral gelegenes Siedlungszentrum Chinatown gilt als das drittgrößte Nordamerikas nach New York und San Francisco. Asiatisches Gepräge ist das eine, auf dem Markt auf Granville Island mit seinen Spezialitäten aus aller Welt wird jedoch auch deutlich, wie bunt das Völkergemisch in Vancouver ist. Insgesamt soll es fast 60 verschiedene kulturelle Gruppen geben. Italiener, Inder, Griechen, Ukrainer, Skandinavier, Latinos

Vancouver ist eine der wenigen Städte in Nordamerika, in der es Spaß macht, zu Fuß durch Straßen und Gassen zu bummeln. Vancouverites lieben das Leben »outdoor«, zählt die Region doch zu den wärmsten in Kanada.

und besonders Deutsche – nach Chinesen und Angelsachsen die drittgrößte ethnische Gruppe – fanden hier ein Zuhause.

Ein Paradies für Fußgänger

»A walker's paradise« – Vancouver ist eine der wenigen Städte in Nordamerika, in der es Spaß macht, zu Fuß durch die Straßen und Gassen zu bummeln. Ihre Bewohner lieben das Leben draußen. Die Region zählt zu den wärmsten Kanadas, und Schnee ist hier ein Fremdwort. Man nützt jede freie Minute und jeden Sonnenstrahl, um draußen zu sein, und selbst bei nicht ganz so lauen Temperaturen sind die Tische in Straßencafés oder Terrassenrestaurants bis tief in die Nacht hinein besetzt.

Trotz aller modernen Wolkenkratzer regiert in Vancouver das Grün, konzentriert im über 400 Quadratkilometer großen Stanley Park. Downtown und sein modernes Geschäftszentrum um die Howe Street sind ebenso einladend wie die Einkaufs- und Flaniermeile Robson Street. Am Canada Place, seit der Expo 1986 mit seiner spektakulären Zeltdacharchitektur das Wahrzeichen der Stadt, legen die Kreuzfahrtschiffe an. Hier gibt es außerdem ein Hotel, ein IMAX Theatre und ein Convention Centre. In Gastown, nahe dem Hafen, vom Canada Place bis hin zum Maple Tree Square, kann man dann in die Frühzeit der Stadt eintauchen, historische Gebäude und eine einzigartige Dampfuhr bewundern und die Atmosphäre der Jahrhundertwende einatmen. Benannt ist die Keimzelle der Stadt nach John Deighton, »Gassy Jack«, dem geschwätzigen Jack, der 1867 am Burrard Inlet einen Saloon namens Gassy Jack's Globe Saloon eröffnete und damit die Entstehung der Stadt forcierte.

Um einen Saloon entsteht eine Stadt

George Vancouver war der erste Weiße gewesen, der 1792 auf der Suche nach der Nordwest-Passage ins Burrard Inlet, wo sich heute Vancouver ausbreitet, segelte. Bereits ein Jahr zuvor hatte der Spanier José Narváez in dieser Bucht geankert, doch war er nicht weiter ins Landesinnere vorgestoßen. Damals waren die hier lebenden Coast Salish-Indianer, deren Dörfer sich um Burrard Inlet und im Fraser River Delta befanden, erstmals in Kontakt mit den Europäern getreten.

Mit der Ankunft der ersten weißen Pelzhändler, Holzfäller und Siedler zu Beginn des 19. Jahrhunderts war es dann mit der Idylle vorbei. Als ab 1858 vermehrt Goldsucher im Hinterland auftauchten, schossen Orte wie Pilze aus dem Boden. In der Nähe eines Handelspostens der Hudson's Bay Company wuchs die erste größere Siedlung heran, New Westminster, im Osten des heutigen Vancouver, die vorübergehend zur »Colonial Capital« wurde. Weniger zivilisiert verlief die Gründung von Vancouver selbst. Um den Saloon des »Gassy Jack« entstand allmählich eine florierende Siedlung namens Gastown, die man 1869 offiziell in Granville umbenannte. Die eigentliche Blüte des Ortes setzte jedoch mit der Ankunft der Canadian Pacific Railway im Jahr 1886 ein: Granville erhielt damals Stadtrecht und hieß fortan im Andenken an den berühmten Seefahrer Vancouver.

Unaufhaltsamer Aufstieg

Zwar vernichtete ein verheerender Brand schon fünf Monate später fast die gesamte Stadt, doch der Boom war nicht aufzuhalten, im Gegenteil: Zum Jahresende lebten bereits 2500 Menschen in Vancouver. Am 23.5.1887 wurde erneut gefeiert, als der erste Personenzug aus dem Osten Vancouver erreichte. Mit der Eröffnung des Hafens vier Jahre später begann dann der Aufstieg der Stadt und sie entwickelte sich zur Drehscheibe zwischen Ost und West. 1897/98 geriet Vancouver erneut in die Schlagzeilen: Neben Seattle diente die Stadt damals als Ausgangs- und Versorgungspunkt der Goldsucher in der im Norden gelegenen Klondike-Region. Viele der Abenteurer kehrten bald enttäuscht zurück, und so mancher blieb in Vancouver hängen. So stieg die Einwohnerzahl stetig an: Zu Beginn des 20. Jahrhunderts zählte Vancouver bereits über 100 000 Menschen.

Sightseeing zwischen Meer und Bergen

Das Vancouver Museum zur Geschichte von Stadt und Region, das Vancouver Maritime Museum mit der »R.C.M.P. St. Roch« – einem Polizeischiff von 1928 –, das Museum of Anthropology der Universität mit seiner weltberühmten Sammlung zum Leben der Nordwestküsten-Indianer, oder das Bloedel Conservatory im Botanischen Garten – kulturell ist in Vancouver für jeden Geschmack etwas geboten. Selbst Naturfreunde kommen bei einer Fahrt mit der Seilbahn auf den 1250 Meter hohen Grouse Mountain auf ihre Kosten. Von dort oben bietet sich zudem ein atemberaubender Blick auf die Stadt zwischen Meer und Bergen.

VANCOUVERS CHINATOWN

In Vancouver befindet sich die drittgrößte Chinesensiedlung in Nordamerika nach San Francisco und New York. Sie bietet zwar nur wenige Attraktionen, lädt aber vor allem zwischen E. Hastings, E. Pender, Keefer, Main und Carrall Street zum Bummel ein. Eine Oase der Ruhe und Beschaulichkeit stellt der Dr. Sun Yat-Sen Classical Chinese Garden (www.vancouverchinese garden.com) dar. Einem Garten der Ming-Dynastie (1368–1644) nachempfunden, besteht die Anlage aus verschiedenen Abteilungen. Benannt wurde sie nach dem Gründer der ersten Chinesischen Republik, Dr. Sun Yat-Sen, über den man mehr im nahe gelegenen Chinese Cultural Centre (www.cccvan.com) erfahren kann.

WEITERE INFORMATIONEN

Websites: www.tourismvancouver.com (Vancouver), www.hellobc.com (British Columbia)

In Deutschland: Canadian Tourism Commission, c/o Lange Touristik-Dienst, Eichenheege 1-5, 63477 Maintal, Tel. (01805) 526232.

Das malerisch zwischen Wäldern, Fjorden und schneebedeckten Bergen eingebettete Vancouver ist eine der schönsten Städte Nordamerikas.

Esso

41 Whistler

Paradies für Wintersportfreunde

Dass Vancouver den Zuschlag bekommen hat, Austragungsort der Olympischen Winterspiele 2010 zu sein, verdankt es auch dem kleinen Ort Whistler, etwa zwei Autostunden entfernt im Norden. Ohne dieses Skiresort der Extraklasse, bekannt für seine touristischen Einrichtungen, für Schneereichtum und Gletscher, hätte es anders ausgehen können. Hier tummeln sich das ganze Jahr über Wintersportfreunde aus aller Welt.

Etwa 130 Kilometer von Vancouver entfernt, hat sich der erst 1975 am Reißbrett geplante Bergort Whistler in den letzten 30 Jahren zum bedeutendsten und größten Skiresort Kanadas entwickelt.

Whistler ist ein Retortendorf: 1975 am Reißbrett entworfen und im Handumdrehen aus dem Boden gestampft, präsentiert sich der kaum 10 000 feste Einwohner zählende Ort einerseits blitzsauber, neu und gepflegt, andererseits teuer und etwas langweilig, mit dem Flair einer Dauerbaustelle.
Immerhin ist es hier recht gut gelungen, die Hotel- und Apartment-Anlagen in die Landschaft einzubinden. Etwa zwei Autostunden oder 130 Kilometer von Vancouver entfernt, hat sich der Ort in den letzten 30 Jahren zum bedeutendsten und größten Skiresort Kanadas entwickelt. Den jährlich rund zwei Millionen Besuchern stehen über 30 Lifte, bestens präparierte Pisten und Langlaufloipen sowie hervorragende Hotels zur Verfügung.
Im Stil eines Alpendorfes liegt Whistler mitten in den Coast Mountains, die aufgrund der herrschenden Westströmung für ihren Schneereichtum – an die neun Meter pro Jahr – bekannt sind, und so die Skisaison von November bis Ende April, auf den Gletschern sogar bis in den Sommer hinein, dauern lassen.
Andererseits sind aufgrund der Nähe der Coast Mountains zum Pazifik die Winter hier nicht so bitter kalt wie in den Rocky Mountains. Allerdings kehrt nicht einmal in den Sommermonaten wirklich Ruhe ein, da eine Reihe von Golfplätzen, Wander-, Reit- und Bike-Wegen den Ort zur ganzjährigen Erholungsdestination machen.

Olympic Host Mountain Resort

Während der Olympischen Spiele 2010 und den anschließenden Paralympics fungierte Whistler als »Host Mountain Resort« – ein erstmals vom IOC vergebener offizieller Titel. Neben Skirennen und allen nordischen Disziplinen wurden hier auch Bob- und Rodelwettbewerbe ausgetragen. Zudem werden im Whistler Olympic Village etwa 2400 Sportler,

Trainer, Betreuer und Funktionäre aus aller Welt untergebracht.
Auch wenn der Ort selbst noch jung ist, das Tal war seit jeher besiedelt. Lange bevor im 19. Jahrhundert erstmals Europäer die Gegend erkundeten, jagten hier schon Indianer. Ab 1877 querte die Region ein Trail, der Vancouver mit den im Hinterland liegenden Orten Pemberton und Lillooet verband und in erster Linie dazu diente, Rinder hinauf ins Cariboo Country zu treiben.

Sea-to-Sky Highway

1914 entstand mit der Rainbow Lodge das erste Hotel in der Region am Fuße des 2284 Meter hohen Blackcomb Mountain. Als eine Eisenbahnlinie von Vancouver hier ankam, mauserte sich die Rainbow Lodge zu einem der beliebtesten Ferienziele der High Society im Westen Kanadas – zunächst freilich nur im Sommer. Erst in den 1960ern begannen Geschäftsleute aus Vancouver auch ein Wintersporthotel zu errichten, und man bewarb sich, damals vergeblich, mit dem 1966 eröffneten Skigebiet um die Olympischen Winterspiele 1968. Inzwischen verbindet eine gut ausgebaute Straße (Hwy. 99) Vancouver mit seinem Skiresort. Sie ist wegen der traumhaften Berg- und Meerlandschaft, durch die sie sich schlängelt, auch als Sea-to-Sky Highway bekannt.

Bummeln im Whistler Village

Das Ortszentrum bildet eine Fußgängerzone mit Shops, Hotels und Restaurants. Hier im Whistler Village spielt sich das Leben abseits der Skipisten ab. Die meisten davon liegen auf dem 2182 Meter hohen Whistler Mountain und dem etwas höheren Blackcomb Mountain. Außer Alpinski sind Langlauf, Heli-Skiing, Eislaufen, Paragliding, Schneeschuhlaufen, Snowmobiling, Snowboarding und viele andere Aktivitäten möglich.
Zwei Attraktionen in Whistler sollte man ebenfalls nicht versäumen: den Whistler Golf Course, den Profi Arnold Palmer entwarf, Jack Nicklaus erweiterte und der als schönster Golfplatz der Welt gilt, und das Château Whistler, eine Luxusherberge im Schweizer Chalet-Stil. Um eine letzte Attraktion kommt keiner herum: die Schwarzbären. Inzwischen haben sich die Bären derart an den Menschen und seine Abfälle gewöhnt, dass man sie auf Futtersuche durchs Dorf streunen sieht.

EIN SCHLOSS IN DEN BERGEN

Das 1907 erbaute Château Whistler liegt zu Füßen des Blackcomb Mountain, gleicht einem Schloss und hat 550 unterschiedlich große, aber allesamt modern ausgestattete Gästezimmer und Suiten zu bieten. Es gibt mehrere Restaurants – altehrwürdig ist die Mallard Lounge & Terrasse –, es wird Afternoon Tea serviert, ein Fitness- und Wellnesszentrum namens Vida Wellness Spa steht zur Verfügung, und daneben laden Shops und ein Golfplatz ein. Besonders interessant sind die verschiedenen Packages, vor allem Skifahrer-Arrangements. Das Hotel ist, wie viele in dem Skigebiet, auch bei deutschen Reiseveranstaltern zu buchen.
Informationen: www.fairmont.com/whistler, Tel. 604-938-8000

WEITERE INFORMATIONEN ZU WHISTLER

Websites: www.tourismwhistler.com, www.whistler.com oder www.whistlerblackcomb.com (vor allem zum Skifahren)

Die Coast Mountains sind aufgrund der herrschenden Weströmung für ihren Schneereichtum – an die neun Meter pro Jahr – bekannt. So dauert hier um Whistler die Skisaison von November bis Ende April, auf den Gletschern sogar bis in den Sommer hinein.

Victoria, die Hauptstadt der Provinz British Columbia, liegt auf der dem Festland vorgelagerten Insel Vancouver Island. Klein, überschaubar und »very british« sind selbst hier die Spuren der Ureinwohner allgegenwärtig.

42 Victoria – Stadt der Gärten

»Very British« im Westen Kanadas

Dürften die Kanadier ihren Wohnort frei wählen, nähme Victoria sicher einen Platz ganz oben in der Beliebtheitsskala ein. Die »City of Gardens« ist allerdings nicht nur bei den Einheimischen populär, sondern auch bei Besuchern, die hier ein Stückchen alte, britische Welt erleben dürfen. Victoria ist gemütlich, klein und überschaubar und dazu eben »very british«.

Victoria, die Hauptstadt der Provinz British Columbia, liegt an der Südspitze von Vancouver Island, der größten Pazifikinsel Nordamerikas, die sich der Küste vorgelagert 500 Kilometer weit von Südosten nach Nordwesten zieht. Nach Amerika, in den US-Bundesstaat Washington (Port Angeles), sind es von hier gerade einmal 40 Kilometer. Der spezifischen Geografie beziehungsweise dem sogenannten Japanstrom ist es zu verdanken, dass gemäßigtes Klima herrscht, kaum Frost, selten extreme Hitze, dafür viel Regen. Daher ist Victoria wohl auch die grünste und blühendste Stadt in Kanada. Gärten über Gärten, Parks über Parks – wie Crystal Garden oder Butchart Gardens –, auf fast fünfzig allein im Stadtbereich kann die knapp 80 000, im Großraum etwa 330 000 Einwohner zählende Stadt verweisen.

»More English than the English«

Schon James Douglas soll 1842 an einen Freund geschrieben haben: »Dieser Ort ... erscheint als Garten Eden inmitten der Wildnis der Nordwestküste und ist überhaupt so ganz anders ... als sei er einfach aus den Wolken gefallen.« Vor allem das britische Flair ist allgegenwärtig und macht den besonderen Reiz Victorias aus.

»More English than the English«, so beschrieb Emily Carr (1871–1945), die wohl berühmteste kanadische Künstlerin, ihre Geburtsstadt Victoria. Zur Zeit der Malerin und Schriftstellerin traf der britische Snobismus in erster Linie auf eine abgeschottete Upperclass anglosächsisch-protestantischer Herkunft zu. Heute äußern sich britische Einflüsse mehr in Details, zum Beispiel in den Tea Rooms altehrwürdiger Hotels wie dem »Empress«, wo auch noch die Sitte gepflegt wird, »High Tea« zu servieren. Rote Doppeldeckerbusse und Shops mit Waren aus »Merry Old England«, besonders in Old Town Victoria, und Cricket spielende Senioren auf dem Beacon Hill lassen einen fast vergessen, dass man sich in Kanada befindet.

Nicht nur die Butchart Gardens, die wohl schönste Gartenanlage Kanadas (oben und Mitte), auch die Gartenanlagen um das Parliament Building (rechte Seite) haben Victoria zur »City of Gardens« gemacht.

Ein Handelsfort wird Hauptstadt

Dennoch wäre es falsch, Victoria nur als Imitator englischen Stils zu sehen. Victoria liebäugelt zugleich mit moderner amerikanischer Architektur und Lebensweise sowie indianischem Erbe. Es ist eine faszinierende Mischung aus alter und neuer Welt mit einer bunt gemischten Bevölkerung. Rudyard Kipling beschrieb diese Mixtur einmal treffend so: »Um sich Victoria vorstellen zu können, muss man all die Reize von Bournemouth, Torquay, der Isle of Wright, dem Happy Valley in Hongkong oder Sorrento um die Bucht von Neapel arrangieren und als Hintergrund die Himalayas auswählen.«
Victorias Chinatown beispielsweise gilt als älteste Chinesensiedlung in Kanada und wird durch ein prächtiges Tor markiert. Die Lebensader, die Fan Tan Alley, ist die schmalste Straße Nordamerikas und verbindet Chinatown mit dem Market Square, dem Einkaufs- und Vergnügungsviertel der Stadt. Doch mehr noch als die Chinesen sind die Nordwestküsten-Indianer, deren Kunst und Kultur, in Victoria überall präsent, am augenfälligsten in den sogenannten Totem Poles. Die hier lebenden Küsten-Indianer hatten von Anfang an freundschaftliche Beziehungen zu den europäischen Neuankömmlingen gepflegt. Sie unterstützten auch James Douglas, als er 1843 einen Handelsposten für die Hudson's Bay Company, Fort Victoria, aufbaute. Nachdem 1846 die Grenzlinie zwischen USA und Kanada entlang dem 49. Breitengrad, parallel zur Georgia Strait, festgelegt worden war, stieg der Handelsposten zum »Imperial Government of the Crown Colony of Vancouver Island« auf. Und als 20 Jahre später die beiden britischen Kolonien auf dem Festland und auf Vancouver Island zur »Colony of British Columbia« vereint wurden, wählte man Victoria als Hauptstadt.

Spaziergang durch Raum und Zeit

Im Zusammenhang damit wurden 1897 auch die prächtigen Parlamentsgebäude eröffnet. Anlässlich des diamantenen Regierungsjubiläums von Königin Victoria im gleichen Jahr wurden sie mit einer Lichterkette aus mehr als 3300 kleinen Glühbirnen versehen, die den Bau bei Dunkelheit seither zum beliebtesten Postkartenmotiv machen.
Der Stadtkern befindet sich am Inner Harbour, der sich auf dem Waterfront Walkway umrunden lässt. An seiner Südseite legen die Fährschiffe in die USA ab und laden die Pacific Undersea Gardens zum Besuch ein. Das Viertel östlich heißt Old Town und anstelle des Bastion Square befand sich hier ursprünglich das 1843 von James Douglas gegründete Fort Victoria. Hier laden heute das Maritime Museum, Courthouse und andere Bauten der Jahrhundertwende, ebenso vorbildlich restauriert wie jene um den nahen Market Square, zum Besuch ein. Von Crystal Garden und Empress Hotel ist es ein Katzensprung zum Royal British Columbia Museum, das, 1886 gegründet, bis 1968 in den Parlamentsgebäuden untergebracht war. Dank der einzigartigen und sehr realistischen Präsentation mit 1:1-Modellen und aufgrund seiner Vielseitigkeit handelt es sich um eines der führenden natur- und kulturwissenschaftlichen Museen der Welt. Man spaziert durch die Straßen einer Pioneer Town, beobachtet an

einem alten Wasserrad, wie mühsam die Goldgewinnung war, geht an Bord der »Discovery« von Captain Vancouver, setzt sich in ein Langhaus der Ureinwohner, blickt auf den Grund des Ozeans oder durchwandert einen authentischen Küsten-Regenwald. Die Sammlungen sind inzwischen auf über zehn Millionen Artefakte in anthropologischen, biologischen und historischen Abteilungen angewachsen, wovon nur ein Bruchteil ausgestellt werden kann.
Der dem Museum vorgelagerte Thunderbird Park sorgt mit seinen zahlreichen Totempfählen, Repliken der im Museumsmagazin befindlichen Originale, und dem nachgebauten Langhaus der Küsten-Indianer für eine ungewöhnliche Atmosphäre mitten im Besucherrummel.

Besuch bei Carr und Dunsmuir

Vom Beacon Hill, der die Innenstadt und den Hafen – mit Fisherman's Wharf – überragt, hat man bei klarem Wetter einen fantastischen Blick auf die Juan-de-Fuca-Meerenge und die Olympic Peninsula im US-Bundesstaat Washington. Beim Rückweg ins Zentrum sollte man das Geburtshaus von Emily Carr oder auch die Art Gallery of Greater Victoria mit der Emily Carr Gallery besuchen.
Und ein letztes Kuriosum darf man ebenfalls nicht versäumen: das im Osten der Innenstadt gelegene, für den schottischen Kohlemagnaten und Kunstsammler Robert Dunsmuir 1887–90 erbaute Craigdarroch Castle mit seinen 39 Zimmern von erlesener Ausstattung, umgeben von einem prächtigen Park.

BUTCHART GARDENS

Etwa 20 Kilometer nördlich, am Highway 17A Richtung Sidney gelegen, dem Fährhafen nach Vancouver, befinden sich auf gut 20 Hektar die Butchart Gardens (www.butchartgardens.com), die wohl schönste Gartenanlage Kanadas. 1904 wurde sie anstelle eines aufgelassenen Kalksteinbruchs und auf Grund und Boden der Familie Butchart von Jenny, der Frau des Zementwerkbesitzers, realisiert. Zum Areal gehören u. a. ein italienischer, ein japanischer und ein »versunkener« Garten sowie ein English Rose Garden. Im Sommer findet samstags ein Feuerwerk statt, daneben gibt es Illuminationen, Konzerte und Veranstaltungen aller Art. Für das leibliche Wohl der Besucher sorgen mehrere Restaurants und Cafés.

WEITERE INFORMATIONEN IM INTERNET

Websites: www.tourismvictoria.com bzw. www.tourismvictoria.com/germany (auf Deutsch)
Vor Ort: Visitor Centre, 812 Wharf Street, Tel. 250-953-2033

»More English than the English« sollen die Bewohner von Victoria sein, wie man beim »High Tea« im Tea Room des altehrwürdigen Hotels »Empress« gut beobachten kann.

Vancouver Island, die größte Pazifikinsel Nordamerikas, ist auch ein Outdoor-Paradies par excellence: Wasserfälle, Berge, Wälder, Strände und Wildtiere wie die seltenen Weißkopfadler (oben) sorgen für unvergessliche Naturerlebnisse.

43 Vancouver Island

Entdeckungen auf der größten Pazifikinsel

Vancouver Island erstreckt sich über fast 500 Kilometer entlang der Pazifikküste und gilt als die größte Pazifikinsel Nordamerikas. Immergrüne Wälder im Norden, zerklüftete Küsten mit Regenwäldern im Westen, über 2000 Meter hohe Berge im Zentrum, beliebte Badestrände im Osten und Farm- und Gartenlandschaften im Süden prägen Vancouver Island, deren städtischer Mittelpunkt die Hauptstadt von BC, Victoria, ist.

Der sogenannte Japanstrom ist für die einzigartige Vegetation auf Vancouver Island verantwortlich. Er sorgt nämlich für gemäßigtes Klima weitgehend ohne Frost oder Schnee und mit selten extremer Sommerhitze. Dafür ist die Regenhäufigkeit, vor allem an der Westküste, groß und die Wassermengen sind ergiebig. Die wärmste und trockenste Ecke der Insel ist die Region um Victoria im Südosten – kein Wunder, dass sich dort die Besiedlung konzentriert. Die Ostküste ist ebenfalls begünstigt durch eine hohe Bergkette im Zentrum der Insel, die vor den Weststürmen schützt. Daher reihen sich auch hier, entlang dem Trans Canada Highway und dem Highway 19, der nach Port Hardy im Nordwesten führt, größere Orte wie Duncan, Nanaimo, Parksville, Courtenay oder Campbell River aneinander. Nordwärts, Richtung Port Hardy, verringert sich dann die Bevölkerungsdichte zunehmend. Auch entlang der Westküste sind Orte eher rar, dafür gibt es hier mehrere Naturparks, wie den Pacific Rim National Park als den bekanntesten. Sie waren ein Zugeständnis an die Naturschützer, die auf Vancouver Island seit Jahrzehnten im Clinch mit der Holzindustrie liegen.

Outdoor-Paradies und Insel-Hopping

Vancouver Island ist ein Outdoor-Paradies par excellence: Wasserfälle wie die 440 Meter hohen Della Falls im Strathcona Provincial Park, Berge, Wälder, Strände, Alpenwiesen und nicht zuletzt Höhlen wie jene im Horne Lake Caves Provincial Park, die Upana Caves oder das Quatsino Cave System sorgen für unvergessliche Naturerlebnisse. Dazu kommt, dass die Insel Ausgangspunkt der berühmten Inside Passage ist und vom West Coast Lifesaving Trail (Port Renfrew bis Bamfield), einem 78 Kilometer langen Wanderweg, der 1915 für

Schiffsbrüchige angelegt worden war, durchzogen wird. Daneben ist Vancouver Island ein beliebtes Anglerziel. Lachse und Regenbogenforellen, aber auch Salzwasserfische können gefangen werden. Selbst Skifahrer kommen auf ihre Kosten, und Wassersportler können Sea Kayaking oder Tauchen betreiben. Zwischen Vancouver Island und dem Festland gibt es eine Reihe traumhafter Inseln: die Gulf Islands. Sie sind von den etwas südlicher liegenden San Juan Islands nur durch die amerikanische Grenze getrennt. Zu den bekanntesten zählen Salt Spring mit dem 590 Meter hohen Mount Maxwell, North und South Pender, Saturna, Galiano, Mayne und Gabriola, alle leicht mit Fährschiffen von BC Ferries von Swartz Bay oder Tsawwassen aus erreichbar.

Einblick in die Welt der Indianer

Vancouver Island hat neben Natur auch etliche malerische Hafenstädtchen und einige kulturelle Attraktionen zu bieten. So erinnert die Ansammlung von etwa 60 Totems in Duncan, im Südosten der Insel, an die lokalen Cowichan-Indianer. Im Quw'utsun' Cultural and Conference Centre, malerisch am Fluss gelegen, sind mehrere Langhäuser vereint, in denen es neben Informationen und Darbietungen zu Kultur, Handwerk und Traditionen der Indianer auch Kunsthandwerk und Souvenirs zu kaufen gibt. Vom Imbiss bis zum sechsgängigen Mahl im »Big House« mit Theatervorführung und Demonstrationen bietet das Open-Air-Dorf instruktiven Anschauungsunterricht. Nanaimo, ein Stück weiter nördlich, ist mit seinen über 70 000 Einwohnern die zweitgrößte Stadt auf Vancouver Island. Weil Vancouver am nächsten gelegen ist, entstand hier auch der große Fährhafen, der die Verbindung zum Festland gewährleistet. Wie wichtig hier neben dem Tourismus die Holzwirtschaft ist, belegt eine große (stinkende) Zellulosefabrik in der Nähe. Dazu kommt als tragende Säule der lokalen Wirtschaft die kommerzielle Fischereiflotte. Die meisten Besucher bleiben jedoch nicht, sondern setzen von Nanaimo die Fahrt weitere 400 Kilometer nordwärts nach Port Hardy fort, um dort die Inside Passage anzutreten.

WHALE WATCHING

Auf Vancouver Island besteht die Möglichkeit, mit erfahrenen Seeleuten aufs Meer hinauszufahren und die hier lebenden und vorbeiziehenden Wale aus nächster Nähe zu beobachten. Orcas, das Wahrzeichen der Region, gemeinhin als Killerwale bekannt, leben teils auch ganzjährig an der Westküste und werden manchmal von den Fähren zwischen dem Festland und Vancouver Island aus gesichtet. Die Grauwale dagegen wandern zwischen Baja California und Alaska, im Frühjahr nordwärts und im Herbst südwärts. Besucher können z.B. bei Ucluelet oder Tofino auf kleinen Booten dabei sein.
Informationen unter: www.vancouverisland.com/WhaleWatch

WEITERE INFORMATIONEN

Websites: www.vancouverisland.com sowie www.vancouverisland.travel bzw. www.quwutsun.ca

44 Queen Charlotte Islands

Die Wunder-Inseln im Pazifik

British Columbia ist vielseitig: Einerseits geprägt durch seine Bergwelt, andererseits von der 7000 Kilometer langen, wild zerklüfteten Küste mit ihren Fjorden und vorgelagerten Inseln wie den Queen Charlotte Islands. Auf diesem Konglomerat aus 150 Inseln, nur zwei davon sind bewohnt, ist neben den Haida-Indianern eine Vielzahl seltener und endemischer Tier- und Pflanzenarten zu Hause.

»Misty Islands« nennt man die Queen Charlotte Islands auch, denn die omnipräsenten Nebelschwaden erzeugen eine fast gespenstische Atmosphäre. Lichtet sich der Nebel, befindet man sich unvermittelt mitten in einem fantastischen Regenwald.

Die Haida-Indianer nannten die Inselkette vor der Westküste British Columbias Haida Gwaii, was mit Islands of the People, also Insel der Menschen, oder auch Gwaii Haanas, Wunder-Inseln, übersetzt wird. Eine andere zutreffende Bezeichnung ist Misty Islands, denn die omnipräsenten Nebelschwaden, die sich durch die Inselwelt schlängeln und Dinge unvermittelt im Dunst verschwinden oder auftauchen lassen, erzeugen eine fast gespenstische, mystische Atmosphäre.
Schon 1774 hatte der spanische Kapitän Juan Pérez die Inseln gesichtet, aber erst Anfang des 19. Jahrhunderts kam es zu Kontakten zwischen Ureinwohnern und Europäern, und das mit verheerenden Folgen: Eine von Weißen eingeschleppte Pockenepidemie löschte ganze Haida-Siedlungen aus. Benannt wurden die Inseln 1787 von Kapitän George Dixon nach seinem Schiff, der »Queen Charlotte«, die ihren Namen von Königin Charlotte, der Frau von König Georg III. von England, hatte.

»Canada's last frontier

Die Bewohner nennen ihre Inselheimat auch »Canada's last frontier«, schließlich ist das Festland meilenweit entfernt. Auch wenn BC Ferries regelmäßig eine Fähre von Prince Rupert zu den Queen Charlotte Islands betreibt, dauert die Fahrt mindestens sieben Stunden. Heute leben nur noch knapp 6000 Einwohner, zur Hälfte Haida-Indianer, schwerpunktmäßig auf der nördlich gelegenen Hauptinsel Graham Island, und dort konzentriert im Umkreis von Queen Charlotte City mit ihren rund 1250 Einwohnern.
Queen Charlotte City ist mit dem zweiten größeren Ort auf Graham Island, Masset, über Port Clemens durch den Highway 16 (Yellowhead Hwy.) verbunden. Diese älteste und mit rund 1500 Bewohnern größte Gemeinde liegt am nördlichen Zugang zum Naikoon Provincial Park, der die Nordostspitze der Insel einnimmt. Seine Schönheit liegt vor allem in den endlosen Kilometern von Sandstränden. Unweit von Masset

Einst lebten zwischen 10 000 und 50 000 Indianer auf den Inseln, dann wurden sie durch eingeschleppte Krankheiten fast ausgerottet. Die meist aufgelassenen Indianerdörfer (rechte Seite) stehen unter Natur- bzw. Denkmalschutz.

liegt Old Masset mit drei alten Haida-Siedlungen. Auch Tlell an der Ostküste, am Südende des Naikoon Provincial Park, ist ein Haida-Dorf mit etwa 370 Einwohnern, und Skidegate, weiter südlich, neben Masset eines der beiden städtischen Zentren der Haida, wartet mit dem sehenswerten Haida Gwaii Museum auf. Von Skidegate Landing verkehren die Fähren nach Prince Rupert und nach Alliford Bay auf Moresby Island.

Einblick in die Welt der Haida

Südlich von Graham Island, nur durch eine schmale Meerenge getrennt, liegt Moresby Island und östlich davon viele weitere kleine Inselchen. Insgesamt sollen es um die 150 mit einer Landmasse von gut 10 000 Quadratkilometern sein. Während es auf Graham Island immerhin sechs Gemeinden gibt, existieren auf Moresby Island nur drei kleine, darunter Sandspit mit 600 Menschen. Die Insel ist nur von Alliford Bay per Boot mit Skidegate Landing auf Graham Island verbunden oder per Seaplane oder Hubschrauber erreichbar.
Den kompletten Süden nimmt die Gwaii Haanas (Kaay Llnagaay) National Park Reserve and Haida Heritage Site ein. Die meist aufgelassenen Indianerdörfer stehen unter Natur- bzw. Denkmalschutz. Immerhin lebten hier einst zwischen 10 000 und 50 000 Indianer, ehe sie durch von Weißen eingeschleppte Krankheiten fast ausgerottet wurden. Archäologische Forschungen haben erbracht, dass es auf Queen Charlotte Islands über 500 Haida-Dörfer gab. In SGang Gwaay am Südende von Gwaii Haanas (Anthony Island) fanden sich die am besten erhaltenen Haida-Totempfähle, und der aufgelassene Ort Nan Sdins Llnagaay (Ninstints) wurde wegen seiner historischen Bedeutung von der UNESCO zur Weltkulturerbestätte erklärt. Den besten Überblick bietet jedoch das vom Council of the Haida Nation (CHN) in Skidgate betriebene Qay'Llnagaay Haida Heritage Centre – »Sea Lion Town« –, ein sehenswertes Open-Air-Museum mit Ausstellungen und Vorführungen.

Malen auf den Wunder-Inseln

Berühmt geworden sind die Inseln durch die Malerin und Schriftstellerin Emily Carr, die 1831 in Victoria geboren wurde. Zwei Themen zogen sich wie ein roter Faden durch das Œuvre der Künstlerin und waren Ausdruck ihrer unbändigen Vitalität und Energie, aber auch ihrer Naturbezogenheit und Spiritualität: einmal die einzigartige und damals im Schwinden begriffene Indianerkultur, zum anderen die mächtige Küstenlandschaft British Columbias. Letzterer verhalf sie mit ihren Bildern und Beschreibungen dazu, zum Synonym der kanadischen Westküste zu werden.
Nach ihrem Studium in San Francisco hatte Carr 1899 die erste, wegweisende Begegnung mit Indianern, als sie in die Missionsschule von Ucluelet auf Vancouver Island kam. Im Sommer besuchte sie fortan regelmäßig verlassene Indianerdörfer auf Vancouver Island und immer wieder auch auf den Queen Charlotte Islands. Gerade in deren Abgeschiedenheit und Urtümlichkeit entstanden ausdrucksstarke Bilder aufgelassener Indianerdörfer und der Küstenlandschaft, durch kräftige breite Pinselstriche und intensive Farbigkeit gekennzeichnet.

Dokumente verlorener Indianerkultur

1913 stellte Carr ihre neuen Bilder aus und stieß zunächst auf Unverständnis in der Kunstwelt. Erst als Marius Barbeau, Ethnologe des National Museum Ottawa, Interesse zeigte, kam der Durchbruch. Er hatte den Wert ihrer Bilder als Dokumente einer längst verlorenen Indianerkultur erkannt und 26 Bilder Carrs in einer 1927 organisierten großen Ausstellung über kanadische Westküsten-Kunst in Ottawa integriert.

Mit neuem Enthusiasmus begann Carr wieder zu malen und schuf ausdrucksstarke Bilder von dunklen, stillen Wäldern, Totems und schroffen Küsten. Ihre Energie schlug sich auch literarisch nieder, zum Beispiel in »Klee Wyck« (1941), ihrem ersten Buch, in dem sie ihre Erlebnisse mit den Küsten-Indianern schildert.

Als Emily Carr am 2. März 1945 starb, hinterließ sie außer einem Äffchen, Ratten, Katzen, Hunden und einem alten Wohnwagen nur wenig. Sie hatte als exzentrische Einzelgängerin gegolten, die einen erbitterten Kampf gegen viktorianische Gesellschaftskonventionen führte. Sie rauchte, ritt im Herrensitz und war wegen ihrer Gefühlsausbrüche gefürchtet. Carrs Drang nach Unabhängigkeit äußerte sich auch darin, dass sie niemals einer Künstlergruppe wie der in Kanada berühmten Group of Seven angehörte. Und dennoch prägte sie die kanadische Kunst auf ihre ganz spezifische Art und Weise und war maßgeblich für die Entstehung einer Kunstszene in Victoria und Vancouver verantwortlich.

EMILY CARR

Die meisten Bilder von Emily Carr sind heute in der Vancouver Art Gallery, in der National Gallery of Canada (Ottawa) und in der Art Gallery of Greater Victoria ausgestellt. Ihr Geburtshaus in Victoria ist ebenfalls zu besichtigen (207 Government St., www.emilycarr.com). Einen Überblick über ihr Werk gibt die Webpage www.emilycarr.org.

Anfahrt:
Von Prince Rupert geht es mit BC Ferries dreimal wöchentlich in 7–9 Stunden zu den Queen Charlotte Islands. Zum Hauptort verkehren auch Flugzeuge (Floatplanes) ab Prince Rupert und Vancouver.

Informationen: www.bcferries.com/schedules/inside

WEITERE INFORMATIONEN

Vor Ort: The Queen Charlotte Visitor Centre, 3220 Wharf St., 4 km westlich der Bootsanlegestelle

Websites: www.qcinfo.ca, www.haidaheritagecentre.com – zum Qay'llnagaay Haida Heritage Centre

»Canada's last frontier« nennen die Bewohner die Queen Charlotte Islands, schließlich ist das Festland meilenweit entfernt. So braucht die Fähre von Prince Rupert zu den Inseln mindestens sieben Stunden.

Der Skeena River im Norden British Columbias ist voller Lachse, und das wissen auch die Bären zu schätzen (oben). Hauptattraktion der Region ist das 'Ksan Indian Village Museum, ein sehenswertes Freiluftmuseum der Gitxsan-Indianer (rechte Seite).

45 Die Region Hazelton

Naturidyll und Totem Pole Capital of the World

Die kanadische Schriftstellerin Margaret Atwood meinte einmal: »Der Norden ist in unserem Kopf. Immer!« So nützen die Kanadier jede sich bietende Gelegenheit zum Rückzug in die Wildnis, in das Haus am einsamen See oder in die Jagdhütte. Der Norden steht für Natur pur mit Seenlandschaften und undurchdringlichen, im Herbst farbenfrohen Wäldern, und der Norden ist zugleich die Heimat der Gitxsan-Indianer.

Hoch im Norden der Provinz British Columbia liegt ein solches Areal, das neben dramatischem Naturerlebnis auch einen unverfälschten Einblick in das Leben der Indianer gewährt. Folgt man dem Yellowhead Highway (Hwy. 16) von Prince George aus, taucht man in die Region North by Northwest ein. Sie erstreckt sich im Norden von British Columbia von der Grenze zu Alberta bis hin zur Pazifikküste, umfasst rund 1000 Kilometer von Ost nach West. Im Norden reicht das Areal bis zur Grenze des Yukon Territory. Der Siedlungsschwerpunkt liegt an dem interessanten Streckenabschnitt zwischen Prince George und Prince Rupert, der Hafenstadt am Pazifik. Besonders nachhaltig wird die Landschaft westlich von New Hazelton im Gedächtnis haften bleiben, wo die Fahrt entlang dem malerischen Skeena River an den sogenannten Seven Sisters vorbeiführt, einem spektakulären Ausläufer der Küstenberge. Mit der Annäherung an den Ozean wird der Fluss, eines der bedeutendsten Lachsgewässer der Welt, immer breiter, ehe er sich fjordartig ausbreitet. Noch immer stellen die Indianer hier oben einen großen Prozentsatz der Bevölkerung. Sie betrachten das Land immer noch als das ihre, denn Siedlungsdruck wie weiter im Süden gab es hier nie.

Die Totem Pole Capital

Dort, wo der Yellowhead Highway auf den Skeena River trifft, liegen The Hazeltons, bestehend aus zwei Gemeinden, die ihren Namen von den vielen Haselstauden an den Flussufern erhielten: Die größere heißt New Hazelton, die kleinere Hazelton. Außerdem gibt es vier Indianerdörfer – Gitanmaax, Hagwilget, Glen Vowell und Kispiox. Überragt werden sie vom Mount Rocher DeBoule, durchflossen von Bulkley, Skeena und Kispiox River, Flüsse, in denen alle fünf Lachsarten vorkommen.

Die Gitxsan-Indianer hatten am Zusammenfluss von Skeena und Bulkley River schon lange vor Ankunft der ersten Weißen in den 1860ern ihre Dörfer errichtet. Heute sind daher die Hazeltons auch als »Totem Pole Capital of the World« berühmt. Hauptattraktion ist das 'Ksan Indian Village Museum, ein sehenswertes Freiluftmuseum, für das die Indianer sieben Langhäuser errichtet haben. In ihnen sind unter anderem ein Museum, Werkstätten, eine Galerie, ein Laden und ein Restaurant untergebracht, und drei der Gebäude – Fireweed House, Wolf House und Frog House – sind auch innen traditionell ausgestattet. Die vor den Häusern aufgestellten Totems, eine Art Familienwappen oder Sippensymbol, sind ein beliebter Fotospot.
Im zugehörigen Museum erhält man auch Informationen zu der »Hands of History Driving Tour«, die vorbeiführt an 19 historischen Plätzen und durch mehrere Indianerdörfer wie Kispiox, wenige Kilometer nördlich von Hazelton gelegen und ebenfalls berühmt für seine Totems, oder das als National Historic Site unter Denkmalschutz stehende Kitwanga, westlich auf dem Weg Richtung Prince Rupert am Skeena River.

»Gateway to the North«

Folgt man dem Yellowhead Highway weiter nach Westen, passiert man kaum besiedeltes Land im Skeenatal. Dafür entschädigt die Berglandschaft, aus der die eingangs erwähnten Seven Sisters herausragen. Erschlossen wurde die Region, die bis heute von Fischfang und Holzwirtschaft lebt, zu Beginn des 20. Jahrhunderts durch die Eisenbahn, deren Bau immerhin 300 Millionen Dollar gekosten haben soll.
Dort, wo der Skeena River ein breites Delta zum Pazifik bildet, liegt, malerisch am Meer, Prince Rupert. Die wenigsten Besucher kommen jedoch wegen der Stadt selbst mit ihrem Museum of Northern BC, dem Chatham Village Longhouse oder den Sunken Gardens hierher. Die meisten Leute warten hier nur auf die Fähre, die sie am nächsten Morgen nach Vancouver Island oder nach Alaska bringen wird. Prince Rupert mit dem drittgrößten eisfreien Naturhafen der Welt trägt demnach zu Recht den Beinamen »Gateway to the North«.

ABSTECHER NACH ALASKA

Bei Kitwanga, westlich von Hazelton, zweigt der Stewart-Cassiar Highway (Hwy. 37) vom Yellowhead Highway nach Norden ab. Diese Route verbindet das Skeena Valley nicht nur mit dem Alaska Highway hoch im Norden, nach 240 Kilometern erreicht man über eine Abzweigung (Hwy. 37A) auch den südlichen Teil Alaskas. Genauer gesagt den Doppelort Steward-Hyder, am Ende des tief ins Landesinnere hineinreichenden Portland Canal, einem 145 Kilometer langen Fjord. Steward ist kanadisch, Hyder, das eigentlich nur aus ein paar Saloons besteht, die südlichste Stadt Alaskas (USA). Sehenswert ist der Fish Creek, in dem man im August, zusammen mit Bären und Seekopfadlern, laichende Lachse beobachten kann.

WEITERE INFORMATIONEN

Websites: www.village.hazelton.bc.ca und www.britishcolumbia.com/regions, www.ksan.org – Infos zum Ksan Indian Village und den Gitxsan-Indianern.

Von Dawson City führt eine legendäre Straße über 740 Kilometer hinauf in den hohen Norden: der Dempster Highway. Die nördlichste Route Kanadas entstand um 1900 anstelle eines alten Indianerpfades und endet in der Eskimostadt Inuvik.

46 Dawson City und der hohe Norden

Der Lockruf des Goldes am Klondike River

Es war die Sensation des Sommers 1897: Das Dampfschiff »Portland« hatte im Hafen von San Francisco eine atemberaubende Ladung gelöscht, zwei Tonnen Gold aus der Klondike-Region im kanadischen Yukon-Territory. Die Nachricht breitete sich aus wie ein Lauffeuer, und bald zogen über 100 000 Abenteurer nordwärts. Der Goldrausch ist zwar längst vorbei, doch noch heute übt der Lockruf des Goldes Faszination aus.

Am 16. August 1896 waren ein alter Goldsucher und seine beiden indianischen Freunde am Zusammenfluss des Klondike und Yukon endlich fündig geworden: Nach endlos langen, deprimierenden Tagen, an denen die drei im kalten Wasser Sand ausgewaschen hatten, glitzerte es endlich in einer der Waschschüsseln: Gold – endlich hatten sie Gold gefunden!

Wie ein Lauffeuer sprach sich der Goldfund herum, und bald waren unzählige Abenteurer und Glückssucher unterwegs in den hohen Norden Kanadas. Unter ihnen befand sich auch ein Draufgänger namens Jack London. Er gelangte, wie so viele, nicht zu Reichtum, doch er verstand es, seine gesammelten Erfahrungen am Ende doch in bare Münze umzuwandeln. London begann seine Erlebnisse und Abenteuer niederzuschreiben und in fesselnde Romane wie »Lockruf des Goldes« oder »Ruf der Wildnis« zu packen.

Der Lockruf des Goldes

Der Lockruf des Goldes ist leiser geworden, doch noch immer wühlen Abenteurer sich durch den Flussschlamm auf der Suche nach ein paar Gramm Goldstaub. Das althergebrachte »gold panning«, mit der Goldpfanne im kalten Wasser nach Gold zu suchen, überlässt man mittlerweile den Touristen; die modernen Goldsucher setzen auf Bulldozer und Waschanlagen. Noch heute tauchen regelmäßig Leute im Büro des Mining Recorders in Whitehorse, Yukons größter Stadt am Alaska Highway, auf, um ihre abgesteckten Claims anzumelden.

Im Zentrum des Goldlands um den Klondike River steht die legendäre Dawson City. Der Ort hat seinen Ursprung in einem Jagdcamp der Ureinwohner am Zusammenfluss von Klondike und Yukon River, der später zur Versorgungsstation für Minenarbeiter umfunktioniert wurde. Als 1896 jedoch der Ruf nach Gold vom

Im Zentrum des Goldlands um den Klondike River steht die legendäre Dawson City, um 1900 noch die größte Stadt im Westen Kanadas. Heute lebt der Ort von seinem Mythos und davon, dass er in den 1960ern zur »National Historic Site« erklärt wurde.

Ufer des Bonanza Creek auch in Dawson City zu laut wurde, änderte sich alles: Innerhalb von zwei Jahren wuchs Dawson City zur größten Stadt im Westen Kanadas heran.
Bars und Saloons, Tanzsäle und Bordelle schossen wie Pilze aus dem Boden, und frisch gebackene Millionäre promenierten durch die Straßen. Dass es jedoch in Dawson City und im ganzen Klondike-Gebiet nicht so gewalttätig und gesetzlos zuging wie im amerikanischen Wilden Westen war der Anwesenheit der rot berockten Mounties, der berühmten kanadischen Polizeitruppe, zu verdanken. Als unerschrockene Macht sorgten Mounty-Offiziere wie Charles Constantine (1846–1912) oder Sam Steele (1849–1919) für Ruhe und Ordnung.
Ebenso schnell wie der Goldrausch ausgebrochen worden war, folgte die Ernüchterung. Dass der Ort heute wieder von seinem Mythos profitiert, liegt an den jüngsten Goldfunden und an der Tatsache, dass er in den 1960ern zur Weltkulturerbestätte erklärt und damit vor dem Verfall bewahrt wurde.

Relikte des Goldrausches

Heute gleicht die Stadt einem Museumsdorf und in der Commissioner's Residence – dem Toplokal jener Tage –, im Red Feather Saloon, in dem noch bespielten Opernhaus Palace Grand Theatre von 1899, bei Diamond Tooth Gertie's mit ihren berühmten Cancan-Girls sowie in Fort Herchemer, dem ehemaligen Gebäude der North West Mounted Police, lebt der Geist der Pioniere und Goldgräber fort. Wer möchte, kann dort noch heute sein Glück beim Goldwaschen versuchen.

Die Stadt Whitehorse, seit 1953 Hauptstadt der Yukon Territories, erhielt ihren Namen von den gleichnamigen Stromschnellen, die mit etwas Fantasie der Mähne eines Schimmels gleichen. Zur Zeit der Goldfunde hatte jedoch wohl kaum jemand ein Auge für derartige Naturschönheiten. Damals war man froh, die schwierige Passage auf dem Chilkoot Trail vom Hafen Skagway, im heutigen US-Bundesstaat Alaska, hierher unversehrt zurückgelegt zu haben. Mit Glück und Geld konnte man sich dann auf dem Dampfschiff nach Dawson City, auf dem Yukon River, von der anstrengenden ersten Etappe erholen. Wie leicht ist es dagegen heute, an Bord des restaurierten Schaufelrad-Dampfers »S.S. Klondike« die traumhafte Landschaft des Yukon-River-Tals zu genießen!

Der wahre Norden Kanadas

Yukon nennt sich stolz »Canada's True North«, der »wahre Norden Kanadas«. Unberührte Berglandschaft und Pioniergeist gehen hier eine einzigartige Symbiose ein. Der schottische Schriftsteller Robert Service, der wie Jack London Erfahrungen während des Goldrausches sammelte, schrieb einmal über diesen Landstrich: »Die Pfade der Arktis haben ihre geheimen Geschichten.« – Es gilt nur, ihnen nachzuspüren.
Von Dawson City führt eine legendäre Straße über 740 Kilometer hinauf in den Norden: der Dempster Highway. Die nördlichste Route Kanadas entstand um 1900 anstelle eines alten Indianerpfads und endet in den Northwest Territories, in der Eskimostadt Inuvik, jenseits des Polarkreises. Ölfunde im Norden hatten 1959 für den Ausbau einer ersten Teil-

strecke gesorgt, weitere Öl- und Erdgasfunde in den späten 1960ern begünstigten dann den zügigen Ausbau, und am 18. August 1979 wurde die erste kanadische »Allwetter-Straße« durch den arktischen Norden eröffnet.

Während der südliche Teil gut ausgebaut ist, geht es später auf einer Schotterpiste durch unberührte Natur zur polaren Nordküste weiter. Ein durchgehender Ausbau zur Teerautobahn verbietet sich allein wegen der extremen klimatischen Bedingungen, vor allem der Temperaturen, die von mehr als plus 35 Grad im Sommer bis minus 45 Grad im Winter reichen.

Das Land des Lichts und der Größe

Die sich westlich an das Yukon Territory anschließenden Northwest Territories – eine Region, die zwar »in Reichweite, aber jenseits der Vorstellungskraft« liegt, wie man hier sagt, sind das Land der Mitternachtssonne und des nördlichen Polarlichts. Von der nördlichen Spitze sind es nur noch 800 Kilometer bis zum Nordpol. Obwohl 1999 Nunavut als eigenständige Region abgetrennt wurde, messen die NW Territories noch immer 1,17 Millionen Quadratkilometer, die von gerade einmal 40 000 Menschen bewohnt werden.

Der Nordwesten ist eine wasserreiche Region und damit ideal für Wassersportler: Kanadas längste Flüsse durchqueren die Weiten, so der mächtige Mackenzie River, der mit 4240 Kilometern längste Strom des Landes; er mündet ins Arktische Meer. Die größten Seen sind der Great Bear Lake (31 200 Quadratkilometer) und der Great Slave Lake (28 400 Quadratkilometer), und für »Landratten« bieten sich Berge wie die Mackenzie Mountains (ca. 2700 Meter) sowie zwei Nationalparks an.

NORTHERN LIGHTS

Nicht entgehen lassen sollte man sich das Northern Lights Centre in Watson Lake/Yukon (www.northernlightscentre.ca). Hier wird das erstaunliche Phänomen des Nordlichts, auch bekannt als »Aurora borealis«, unter anderem mittels einer Multimediashow, anschaulich erklärt.

Ancient Voices Wilderness Camp

Die Tr'ondëk Hwëch'in, Indianer der Klondike-Region, betreiben am Dawson River dieses Camp mit Zeltplätzen und Cabins (Hütten) und bieten verschiedene Programme und Touren an. Kanu- und Hundeschlitten-Fahrten sowie Demonstrationen indianischer Kultur und Lebensweise gehören dazu. Das Lager ist per Boot in einer Stunde ab Dawson City erreichbar.

Infos: www.realadventures.com, Tel. 867-993-5605

WEITERE INFORMATIONEN

Websites: www.yukoninfo.com und www.explorenwt.com

Tourism Yukon, Bergold Promotions, Kleine Hochstr. 4, 60313 Frankfurt a. M., Tel. (069) 219367-0, www.touryukon.de

»Inside Passage« heißt die spektakuläre Schifffahrtsroute, die der Insel- und Küstenregion im Westen der Provinz British Columbia folgt.

47 Die Inside Passage

Eine der spektakulärsten Routen der Welt

Langsam saugen die Sonnenstrahlen die dichten Nebelschwaden auf, und schemenhaft tauchen dicht bewaldete Hänge links und rechts der schmalen Wasserstraße auf. Schweigsam staunend beobachten die Schiffspassagiere das Naturschauspiel. Inside Passage heißt diese Schifffahrtslinie, die sich von Vancouver Island (Port Hardy) die ganze Insel- und Küstenregion entlang bis nach Prince Rupert im hohen Norden der Provinz British Columbia zieht. Sie zählt zu den spektakulärsten Routen der Welt.

Auf der gut 500 Kilometer langen Fahrt passiert das Fährschiff Buchten und Inselchen, die von Indianern besiedelt waren und teils noch sind, Schiffswracks und aufgelassene Fabriken und Minen, Berge und Wälder, Buchten und Fjorde. Das zerklüftete Festland sorgt für stimmungsvolle Lichtwechsel, und mit einem Fernglas und etwas Glück lassen sich Seelöwenkolonien, Delfine, Wale, Wasservögel, Adler, Elche und Bären beobachten.

INFORMATIONEN: www.bcferries.com (Buchung auch bei dt. Reiseveranstalter)

Der Alaska Highway (AH) führt über 2400 Kilometer bis nach Alaska.

48 Alaska Highway und Kluane NP

»I survived the ALCAN«

Der Alaska Highway (AH) führt über 2400 Kilometer von Dawson Creek (BC) hinauf zum Yukon Territory und von dort als Highway 1 weiter nach Alaska. Die als Souvenir angebotenen Aufkleber »I survived the ALCAN« übertreiben leicht, denn fahrtechnisch stellt die Route längst keine Herausforderung mehr dar. Durchgehend geteert und mit zahlreichen Versorgungsstationen versehen, besteht heute der Kampf ums Überleben lediglich darin, sich mit den zahlreichen Trucks und Campern zu arrangieren.

Entstanden war die Straße in den 1940ern als Landroute zwischen den USA und Alaska. Sie sollte den Nachschub nach Norden garantieren und als »Heerstraße« die Region vor einer japanischen Invasion sichern. Heute bietet der AH unvergleichliche Landschaftserlebnisse und eine fast ungestörte Tierwelt. Einer der Höhepunkte ist der sich im Südwesten des Yukon Territories ausbreitende Kluane National Park.

INFORMATIONEN: www.themilepost.com, www.pc.gc.ca/eng/pn-np/yt/kluane/index.aspx

Ein Moschusochse genießt die frühsommerlichen Sonnenstrahlen in der Tundra des Thelon Wildlife Sanctuarys im hohen Norden Kanadas.

49 Thelon Wildlife Sanctuary

Wildtierparadies in der Heimat der Inuit

Hoch im Norden zwischen Northwest Territories und Nunavut, erstreckt sich auf etwa 67 000 Quadratkilometern das größte Wildreservat Kanadas: die Thelon Wildlife Sanctuary. In der arktischen Tundra gelegen handelt es sich zudem um eines der einsamsten Wildlife-Areale auf dem nordamerikanischen Kontinent und zudem um eines der letzten noch intakten Ökosysteme auf der Erde. Hier grasen Karibus und Moschusochsen, jagen Wölfe und Grizzlys, Luchse und Polarfüchse und sind Elche, Falken, Wild- und Schneegänse zu beobachten.

Mitten durch den Park fließt der Thelon River, der in die Hudson Bay mündet. Bevor 1770/71 mit Samuel Hearne der erste Europäer hier auftauchte, war die Region Heimat der Caribou Inuit, deren städtisches Zentrum im östlich des Wildschutzgebietes gelegenen Baker Lake, der einzigen kanadischen Festlandsgemeinde der Inuit, liegt. Von den insgesamt 25 000 Inuit, den Eskimos, die im Territory of Nunavut leben, siedeln rund 1000 in und um Baker Lake.

INFORMATIONEN: www.thelon.com und www.nunavuttourism.com

Im Wood Buffalo National Park lebt die größte frei umherziehende Bisonherde.

50 Wood Buffalo National Park

Asyl für »Bruder Buffalo«

Bisons, häufig und fälschlich Büffel genannt, sind gigantische Riesen, die durchschnittlich 900 Kilogramm wiegen und auf 1,5 bis 1,8 Meter Schulterhöhe kommen. Für die Indianer war »Bruder Buffalo« Lebensgrundlage und daher heilig. Anfang des 19. Jahrhunderts lebten noch rund 65 Millionen Bisons im Westen Nordamerikas, um 1900 waren sie fast ausgerottet. Erst in letzter Zeit steigt dank Neuansiedelungsprogrammen ihre Zahl wieder. Zwar versuchten in Kanada die »Mounties«, den Restbestand zu sichern, doch ein Schutzgesetz griff erst 1911, als nur noch ein paar Hundert Tiere existierten. Deshalb kaufte die kanadische Regierung 700 Buffalos von Ranchern aus Montana, und diese bildeten den Grundstock für die Einrichtung des Wood Buffalo National Parks im Jahr 1922. Der Park, der 1983 von der UNESCO zum Weltkulturerbe ernannt wurde, ist mit fast 45 000 Quadratkilometern größer als die Schweiz und stolz auf die größte frei umherziehende Bisonherde der Welt.

INFORMATIONEN: www.pc.gc.ca/eng/pn-np/nt/woodbuffalo/index.aspx

Weiter geht es nicht mehr! (oben).
Indian Summer in Kanadas Wäldern (Mitte).
Blaureiher auf Beutefang (unten).

Register

Der Leuchtturm am Peggys Cove in Nova Scotia an der kanadischen Ostküste (linke Seite).
Fahrt auf dem Cabot Trail auf Cape Breton Island (oben).
Eisbär in der Eislandschaft der Hudson Bay (Mitte).
Morgenstimmung über dem Riding Mountain NP (unten).

Impressum

Produktmanagement: Susanne Caesar, Dr. Birgit Kneip
Textlektorat: Anke Höhne
Layout: graphitecture, Rosenheim
Repro: Repro Ludwig, Zell am See
Umschlaggestaltung: Uhlig/ www.cover-design.net unter Verwendung dreier Fotos von Christian Heeb
Kartografie: Astrid Fischer-Leitl, München.
Herstellung: Bettina Schippel
Printed in Italy by Printer Trento

Für Hinweise und Anregungen sind wir jederzeit dankbar. Bitte richten Sie diese an:

Bruckmann Verlag
Postfach 40 02 09
D–80702 München
E-Mail: lektorat@bruckmann.de

Bildnachweis:
Umschlagvorderseite:
Oben: Skyline von Toronto.
Mitte: Okanagan Lake in der Nähe von Kelowna, Okanagan Valley, British Columbia.
Unten: Winter im Jasper National Park
Umschlagrückseite (von links nach rechts) : Im Riding Mountain National Park, Bär beim Lachsfang im Skeena River, Dempster Highway
Seite 1: Moschusochse in den Barrenlands
Seite2/3: Coast Mountains in der Nähe von Smithers
Alle Abbildungen stammen von Christian Heeb mit Ausnahme von:
Karl-Heinz Raach:
S. 52 (2) unten, 54 l.u., 78 M. und u., 79, 82, 94 o.(2), 95 u. (2), 96/97, 126 o.(2), 163 M.
Margit Brinke:
S. 79(1), 82(1), 83(2), 86(1), 87(1), 88(3), 89 (1), 114(1), 116(3)

Die Deutsche Nationalbibliothek verzeichnet diese Publikation in der Deutschen Nationalbibliografie; detaillierte bibliografische Daten sind im Internet über http://dnb.d-nb.de abrufbar..

ISBN 978-3-7654-4760-0

In gleicher Reihe erschienen ...

ISBN 978-3-7654-5437-0

ISBN 978-3-7654-4889-8

ISBN 978-3-7654-4828-7

ISBN 978-3-7654-4830-0

ISBN 978-3-7654-5154-6

ISBN 978-3-7654-5368-7

ISBN 978-3-7654-5253-6

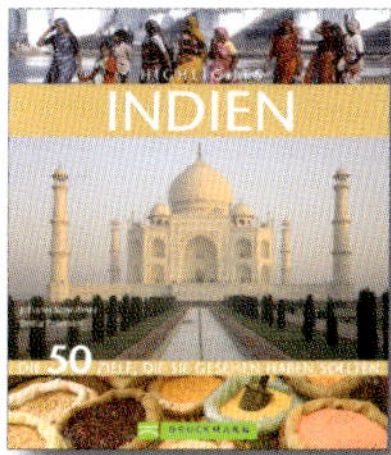

ISBN 978-3-7654-4817-1

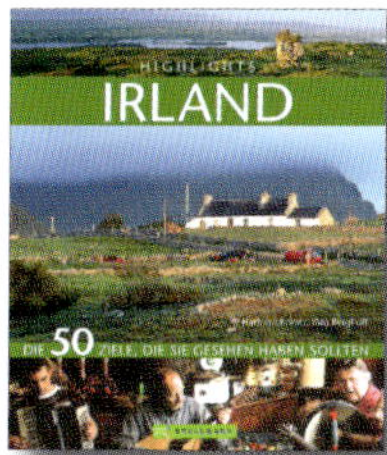

ISBN 978-3-7654-5214-7

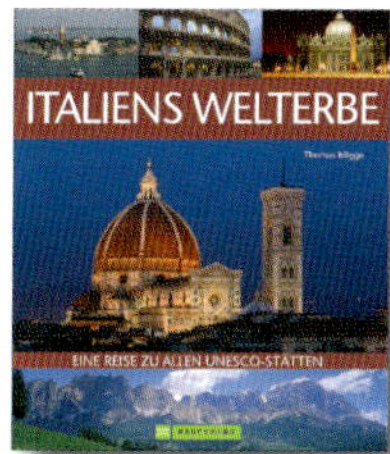

ISBN 978-3-7654-5594-0

ISBN 978-3-7654-4617-7

ISBN 978-3-7654-5426-4

ISBN 978-3-7654-4760-0

ISBN 978-3-7654-4869-0

ISBN 978-3-7654-5143-0

ISBN 978-3-7654-4750-1

ISBN 978-3-7654-4827-0

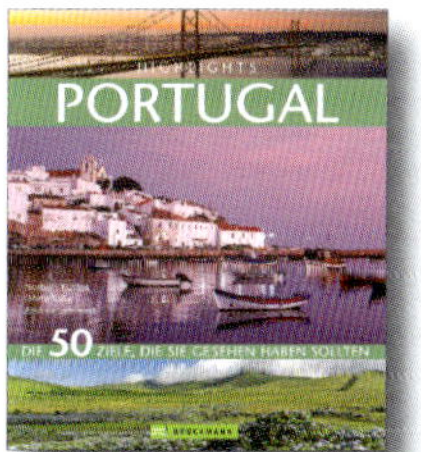

ISBN 978-3-7654-5533-9

ISBN 978-3-7654-4973-4

ISBN 978-3-7654-4748-8

ISBN 978-3-7654-4749-5

ISBN 978-3-7654-5496-7

ISBN 978-3-7654-5412-7

BRUCKMANN

www.bruckmann.de